KTA 도장지원사업 교육과정 다섯번째 교재 **5**

태권도품새풀이
KTA Taekwondo Poomsae Application

● 저자 Author _ **엄재영** Jaeyeong Um, **안재윤** Jaeyoon An

QR코드를 이용한
스마트 품새풀이

본 도서는 품새 속에 숨겨져 있는 동작을 알기 쉽게 설명하고 실전기술들을 누구나 편하게 수련할 수 있도록 하기 위해 다양한 각도의 사진을 삽입시켜 동작을 분석했고 그 동작들을 체계적으로 가르칠 수 있도록 영상을 탑재시킴으로써 사진만으로 동작의 표현에 한계를 보였던 것을 해소 할 수 있도록 제작되었다.

You can understand the meaning of the skills in poomsae from this book. We show pictures from various angles and include the videos so that you can understand the movements easily.

Anibig 애니빅

KTA 태권도 품새풀이
KTA Taekwondo Poomsae Appliction

저 자	엄재영, 안재윤 (Jaeyeong Um, Jaeyun An)
초판발행	2016년 08월 15일
2판발행	2016년 10월 05일

발 행 인	문상필
표지디자인	이수연
편집디자인	전상은, 이한솔
영문번역	한수아
사 진	백영훈, 박기태
사진모델	엄재영, 안재윤, 박기태, 백영훈, 한수아
영상촬영	엄재영, 안재윤, 박기태, 백영훈, 한조셉, 최시훈, 홍민수
펴 낸 곳	주식회사 애니빅
주 소	서울시 영등포구 경인로 82길 3-4 (문래동 1가 센터플러스 916호)
대표전화	02-2164-3840 팩스	02-6209-7749

Anibig 애니빅

홈페이지	www.anibig.com / www.sangavill.com
이 메 일	0221643840@hanmail.net
출판등록	제2008-000010호

가격 29,000원

ISBN 978-89-97617-04-3   13690

ⓒ 저작권은 작가에게 있습니다. 작가와 합의해 인지는 생략합니다.
* 잘못 만들어진 책은 구입하신 서점에서 교환해 드립니다.

copyright ⓒ by Anibig Co., Ltd
Printed in KOREA

개발절차 및 연구기간

2009년	최초 개발시작
2010년	유사사례 분석 및 동작 개발
2010년	KTA 태권도 품새풀이 1차 영상 촬영 kta 강사그룹과 discussion
2011년	KTA 태권도 품새풀이 텍스트 작업화
2012년	전 국기원 이종관, 연수처장, 전 안재윤 품새 심판위원장 동작의 타당성 검토
2013년 12월	KTA 전국 태권도장 경영, 지도법 대상 수상
2013년 9월	KTA 협의 및 연구원 구성
2014년	대한태권도협회 전문과정 지도자 과정 교육
2014년	대한태권도협회 사범직무과정 교육
2015년	KTA 교육박람회 시뮬래이션
2015년 5월	KTA 태권도 품새풀이 집필 완료
2015년 8월	KTA 태권도 품새풀이 1차 사진 촬영 완료
2015년 9월	KTA 태권도 품새풀이 2차 사진 촬영 완료
2016년 3월	KTA 태권도 품새풀이 1차 영상 촬영 완료
2016년 5월	KTA 태권도 품새풀이 2차 영상 촬영 완료
2016년 6월	KTA 태권도 품새풀이 3차 영상 촬영 완료
2016년 6월	KTA 태권도 품새풀이 최종 수정본 작업
2016년 7월	KTA 태권도 품새풀이 최종본 완료

KTA 태권도 품새풀이
(KTA Taekwondo Poomsae Annotation)

contents
차례

KTA 태권도 품새풀이의 핵심과정 분류 / 11
Classification of Taekwondo Poomsae application core system

I. 태권도 품새의 본질 / 27
The essence of Taekwondo Poomsae

1. 중요한 것은 본질이다 · 28
The importance of the essence

2. 태권도의 본질은 실전에서 출발 · 29
The essence of Taekwondo is rooted in the actual fight

3. 품새를 배우는 목적은 몸놀림을 이해하는 과정 · 32
The purpose of learning the poomsae is to understand body movements

II. 품새풀이를 배우는 진정한 목적 / 37
The real purpose of learning the poomsae application

1. 태권도 품새의 구분 · 38
Classification of Taekwondo Poomsae

2. 태권도 품새의 실전 활용 · 40
Actual fight applications of Taekwondo Poomsae

3. 태권도 품새풀이의 구성 체계 · 42
Taekwondo Poomsae application configuration system

4. 품새풀이 전 맞추어 기본 공, 방법 익히기 · 45
Poomsae application warming up: Machuo Geyorugi

5. 품새풀이의 핵심 3요소 · 49
Three major elements of the poomsae application

6. 맞추어 기본 공,방법 1,2,3단계의 이해 · 64
Understanding 1,2,3 steps of Machuo Gyeorugi

7. 맞추어 기본 공,방법 1단계(주먹) · 69
Machuo Gyeorugi basic step 1(jumeok)

8. 맞추어 기본 공,방법 2단계(손날) · 74
Machuo Gyeorugi basic step 2(sonnal)

9. 맞추어 기본 공방법 3단계(손기술 막기) · 81
Machuo Gyeorugi basic step 3(hand defence technique)

III. 유급자 품새풀이 / 103
Kup-grade Poomsae application

1. 태극1장 품새 · 107
Taegeuk 1 Jang Poomsae

2. 태극2장 품새 · 121
Taeguek 2 Jang Poomsae

3. 태극3장 품새 · 130
Taeguek 3 Jang Poomsae

4. 태극4장 품새 · 146
Taeguek 4 Jang Poomsae

5. 태극5장 품새 · 168
Taeguek 5 Jang Poomsae

6. 태극6장 품새 · 186
Taeguek 6 Jang Poomsae

7. 태극7장 품새 · 206
Taeguek 7 Jang Poomsae

8. 태극8장 품새 · 232
Taeguek 8 Jang Poomsae

IV. 유단자품새풀이 / 247
Dan-grade Poomsae application

1. 고려 품새 · 256
Koryo Poomsae

2. 금강 품새 · 276
Keumgang Poomsae

3. 태백 품새 · 300
Taebaek Poomsae

4. 평원 품새 · 320
Pyongwon Poomsae

5. 십진 품새 · 338
Sipjin Poomsae

추천사

1961년 대한태권도협회를 창립하여 1963년부터 우수선수선발대회와 전국체전 정식종목으로 해마다 많은 대회를 시행해왔습니다. 그리고 2000년 시드니올림픽부터 세계인의 축제 올림픽 정식종목으로까지 비약적인 성장을 이루었습니다.

이것은 수많은 태권도인의 협력과 노고의 결실이었습니다. 그러나 한편으로는 겨루기를 제외한 다른 분야의 발전은 더디거나 오히려 쇠퇴하기도 하였습니다.

이에 대한태권도협회(KTA)는 2007년부터 도장 활성화를 위하여 '도장 발전정책 개발과 홍보전략, 다양한 교육프로그램 개발 등'의 사업을 추진하여 태권도장에 직접적인 도움이 되도록 최선의 노력을 다하고 있습니다.

도장지원 사업을 펼치는 동안 태권도 성인활성화, 교육박람회, MBC와 함께 태권도 다이어트 코리아, 전국 태권도장 경진대회가 돌풍을 일으키고 매년 17개 시도지부에서 도장들의 성장을 위해 재교육을 시행하는 등 다양한 양적 질적 성장을 이루었습니다.

그리고 'KTA 태권도 인성교육', 'KTA태권도 실전손기술', 'KTA 품새응용 태권도 호신술', 'KTA 코칭언어', 'KTA 인성교육 워크북'을 출간했으며 이번에는 'KTA 태권도 품새풀이'를 출간하게 되었습니다.

'KTA 태권도 품새풀이'는 품새를 실전에 응용할 수 있도록 수련 단계별로 정리하여 쉽게 익히고 지도할 수 있도록 구성하였습니다. 또한, 동영상으로도 볼 수 있게 구성하였습니다. 저자들의 노고에 박수를 보냅니다.

태권도 지도자 여러분! "평생을 도복 입는 당당한 지도자!"를 위하여 대한태권도협회에서는 태권도장에 필요한 자료와 지도서를 지속해서 개발하고 보급할 것입니다.
끝으로 태권도의 무궁한 발전과 태권도장 지도자 여러분들의 건승을 기원합니다.

2016년 7월

대한태권도협회 회장 **이승완**

들어가면서...

지난 2007년 대한태권도협회는 전국의 태권도장 활성화를 위한 목적으로 도장 지원사업부를 만들어서 다양한 교육프로그램과 교육과정 지침서를 출판해 왔습니다.

이 책도 대한태권도협회 도장지원사업 교육과정 지도서 중 한 권입니다.

품새풀이 연구를 시작한 것이 2010년 1월부터입니다. 벌써 6년이 흘렀습니다. 품새풀이 연구는 품새를 새로운 각도에서 보고 기존에 알고 있던 품새 동작의 기술뿐 아니라 타 무술도 연구하고 분석하기도 했습니다. 또한, 다양한 시각에서 연구한 결과물들은 수많은 동작의 반복과 검증 절차를 거쳤습니다.

그동안 많은 태권도 고수들의 질책과 비판을 들었고 그렇게 날카로운 비판을 바탕으로 수정을 거듭해 가며 집필한 시간만 3년을 보냈습니다.

태권도 품새의 독특한 기법을 보여주기 위해 다양한 각도로 노력하였습니다. 그 결과 KTA 도장지원사업 교육과정 지침서로 결과물을 세상에 내놓게 되니 감회가 새롭게 느껴집니다.

이 책은 품새 속에 숨겨져 있는 동작을 알기 쉽게 설명하였고 실전기술들을 누구나 편하게 수련할 수 있도록 다양한 각도의 사진을 삽입하여 동작을 분석했고 그 동작들을 체계적으로 가르칠 수 있도록 영상도 함께 넣어 사진만으로 표현하기 어려운 동작의 한계를 해소할 수 있도록 만들었습니다.

어린이들도 쉽게 배울 수 있도록 품새풀이(1단계)와 청소년, 성인들이 배울 수 있는 품새풀이 숙련과정(2단계)로 분류하였고 난이도에서는 쉬운 동작부터 어려운 동작을 체계적으로 나누어 수준별, 난이도별, 유급자, 유단자별로 분리해 구성해서 더 쉽고 재미있게 수련할 수 있도록 제공하였습니다.

그리고 태권도 동작을 수련해 나가는 과정에서 동작의 의미를 알고 그 과정을 알려주려는 방법을 제시하였습니다. 단순히 읽는 것에서 끝나는 것이 아니라 수업목표 및 전략 예시안, 지도법 교습법 예시안, 그리고 심사평가표 예시안을 삽입하여 지도자들의 수업시간에 참고서 역할을 할 수 있도록 제작하였습니다.

태권도 품새가 그동안 태권도 수련에서 단증을 취득하는 제일 중요한 수련체계로서 그 역할을 해왔습니다. 또한, 품새 경기가 만들어져 스포츠로서의 경쟁으로 더 정확한 동작을 요구하게 되어 태권도의 다양한 단체에서의 품새 지도법, 훈련지침서 등이 많이 개발되었습니다.

하지만 품새의 무도성과 실전성에서 경기겨루기처럼 품새 또한 실전과는 거리 있게 발전하였고 품새 속에 숨겨진 다양한 기술과 가치들은 개발되지 못하고 있었습니다.

이 책은 이러한 의미에서 기존의 품새 책과 달리 품새가 가지고 있는 실전성, 무도성, 다양성 등을 풀이하고 해석해 놓은 책입니다.

특히 이 책은 전 세계의 태권도인들이 모두 볼 수 있도록 한글과 영어로 동시에 집필하였으며 더 자세한 동작을 설명하기 위해 동영상으로도 볼 수 있도록 함으로써 품새를 다각적으로 연구할 수 있는 기폭제 역할을 하게 될 것이라고 확신합니다.

끝으로 이 책의 공동 저자로서 함께 작업을 해주신 안재윤 사범님께 크게 감사드리고 책을 쓸 수 있도록 응원과 지원을 해준 KTA 이종천 차장님과 많은 시간을 들여 편집해준 애니빅과 문상필 사장님에게 감사드립니다. 또한, 이런 생각을 몸으로 느끼게 하고 밑거름이 되게 해주신 신태균 사범님과 품새의 기틀을 마련해주신 강익필 사범님께도 감사의 인사를 전합니다. 궂은일을 마다치 않고 함께 해준 박기태, 백영훈 사범들에게도 감사의 마음을 전하고 사랑하는 가족에게도 감사의 인사를 전합니다.

2016년 7월

저자를 대표하여 **엄재영**

KTA 태권도 품새큰그림
(KTA Taekwondo Poomsae Application)

KTA 태권도 품새풀이의 핵심과정 분류
Classification of Taekwondo Poomesae application core system

KTA 태권도 품새풀이의 핵심과정 분류
Classification of Taekwondo Poomsae application core system

영역별 Field	기본 품새풀이 1단계 Basic poomsae application step 1	품새풀이 숙련과정 2단계 Poomsae application step 2 advanced
난이도별 Level of difficulty	학습형 단계 Learning level	실전형 단계 Actual fight level
수준별 Grade	급별, 일반 Kup-grade, Trainees	단별, 선수별 Dan-grade, Athletes

맞추어 기본 공, 방법 1단계(주먹)

수행자 명칭	공격자	방어자
기법	①아래지르기→②아래지르기 →③몸통지르기→④몸통지르기 →⑤몸통지르기→⑥몸통지르기 →⑦얼굴지르기→⑧얼굴지르기 →⑨몸통지르기→⑩몸통지르기 →⑪앞차기→⑫앞차기 →⑬아래막기→⑭아래막기	①아래막기→②아래막기 →③안팔목바깥막기→④안팔목바깥막기 →⑤몸통막기→⑥몸통막기 →⑦얼굴막기→⑧얼굴막기 →⑨몸통막기→⑩몸통막기 →⑪아래막기→⑫아래막기 →⑬앞차기→⑭앞차기

Machuo Gyeorugi basic step 1(jumeok)

Trainees names	Offense	Defense
Technique	①naeryeo(area)-Jireugi →②naeryeo(area)-Jireugi →③momtong-jireugi →④momtong-jireugi →⑤momtong-jireugi →⑥momtong-jireugi →⑦ollyeo(eolgul)-jireugi →⑧ollyeo(eolgul)-jireugi →⑨momtong-jireugi →⑩momtong-jireugi →⑪ap-chagi→⑫ap-chagi →⑬naeryeo(area)-makgi →⑭naeryeo(area)-makgi	①naeryeo-makgi →②naeryeo-makgi →③anpalmok-bakkat-makgi →④anpalmok-bakkat-makgi →⑤momtong-makgi →⑥momtong-makgi →⑦ollyeo(eolgul)-makgi →⑧ollyeo(eolgul)-makgi →⑨momtong-makgi →⑩momtong-makgi →⑪naeryeo(area)-makgi →⑫aeryeo(area)-makgi →⑬ap-chagi →⑭ap-chagi

수행자 명칭	맞추어 기본 공, 방법 2단계(손날)	
	공격자	방어자
기법	①아래지르기→②아래지르기 →③몸통지르기→④몸통지르기 →⑤몸통지르기→⑥몸통지르기 →⑦얼굴지르기→⑧얼굴지르기 →⑨몸통지르기→⑩몸통지르기 →⑪몸통지르기→⑫몸통지르기 →⑬몸통지르기→⑭몸통지르기 →⑮앞차기→⑯앞차기 →⑰아래막기(방어자) →⑱아래막기(방어자)	①손날아래막기→②손날아래막기 →③손날등 막기→④손날등 막기 →⑤한손날 몸통막기→⑥한손날 몸통막기 →⑦손날얼굴막기→⑧손날얼굴막기 →⑨오른 바탕손 눌러막기 →⑩왼 바탕손 눌러막기 →⑪왼 손날 바깥막기 →⑫오른 손날 바깥막기 →⑬왼 바탕손 막기 →⑭오른 바탕손 막기 →⑮오른 손날 아래막기 →⑯왼 손날 아래막기 →⑰방어자가 오른 앞차기(공격) →⑱방어자가 왼 앞차기(공격)

Trainees name	Machuo Gyeorugi basic step 2(sonnal)	
	Offense	Defense
Technique	①naeryeo-jireugi →②naeryeo-jireugi →③momtong-jireugi →④momtong-jireugi →⑤momtong-jireugi →⑥momtong-jireugi →⑦ollyeo-jireugi →⑧ollyeo-jireugi →⑨momtong-jireugi →⑩momtong-jireugi →⑪momtong-jireugi →⑫momtong-jireugi →⑬momtong-jireugi →⑭momtong-jireugi →⑮ap-chagi→⑯ap-chagi →⑰ap-chagi(defender) →⑱ap-chagi(defender)	①sonnal-naeryeo-makgi →②sonnal-naeryeo-makgi →③sonnaldeung makgi→④sonnaldeung makgi →⑤hansonnal momtong-makgi →⑥hansonnal momtong-makgi →⑦sonnal-ollyeo-makgi→⑧sonnal-ollyeo-makgi →⑨oreun batangson nulleo-makgi →⑩wen batangson nulleo-makgi →⑪wen sonnal bakkat-makgi →⑫oreun sonnal bakkat-makgi →⑬wen batangson makgi →⑭oreun batangson makgi →⑮oreun sonnal naeryeo-makgi →⑯wen sonnal naeryeo-makgi →⑰(defender)oreun ap-chagi(attack) →⑱(defender)wen ap-chagi(attack)

맞추어 기본 공, 방법 3단계
Machuo Gyeorugi basic step 3
12 hand defense techniques

번호	명칭 name
1번	오른 바탕손 막기 oreun batangson makgi
2번	왼 바탕손 막기 wen batangson makgi
3번	왼 손날 바깥막기 wen sonnal bakkat-makgi
4번	오른 손날 비틀어 막기 oreun sonnal biteureo makgi
5번	오른 바탕손 막고 비틀어 막기 oreun batangson magko biteureo makgi
6번	왼바탕손 막고 오른 비틀어 막기 wen batangson magko oreun biteureo makgi
7번	오른 팔굽 쳐 막기 oreun palgup cheo makgi
8번	왼 팔굽 쳐 막기 wen palgup cheo makgi
9번	오른 바깥 받아막기 oreun bakkat bada-makgi
10번	왼 바깥 받아막기 wen bakkat bada-makgi
11번	오른 몸통 받아막기 oreun momtong bada-makgi
12번	왼 몸통 받아막기 wen momtong bada-makgi

품새풀이의 핵심구성 3요소
Three major elements of the poomsae application

1	2	3
거리 Distance	순간(집중) Timing(Focus)	힘과 속도 Speed and power
상대와의 거리, 공방의 거리 마음의 거리(평정심) Distance from the opponent, Distance between offense and defense, distance of mind(Tranquility)	타격의 순간(집중, 타이밍) moment of strike (Timing, Focus)	중심이동, 균형적 속도 Shifting balance, Regular speed

팔 쓰기의 분류
Classification of arm usages

❶ 직선 straight
❷ 회전 turn
❸ 안에서 밖으로 outward
❹ 밖에서 안으로 inward
❺ 아래에서 위로 upward
❻ 위에서 아래로 downward

● 각 품새별 주요풀이 동작　　Major movement application of each Poomsae

태극1장 Taegeuk 1 Jang	품새풀이 Poomsae application
1번	아래막고 지르기 naeryeo(area)-makko jireugi
2번	몸통막고 지르기 momtong-makgo jireugi
3번	얼굴막고 앞차고 지르기 ollyeo(eolgul)-makgo ap-chago jireugi

태극2장 Taegeuk 2 Jang	품새풀이 Poomsae application
1번	아래막고 앞차고 얼굴 지르기 naeryeo(area)-makgo ap-chago ollyeo(eolgul)-jireugi

태극 3장 Taegeuk 3 Jang	품새풀이 Poomsae application
1번	아래막고 앞차고 두 번 지르기 naeryeo(area)-makgo ap-chago dubeon(twice)-jireugi
2번	한손날 목치기 hansonnal mok-chigi
3번	한손날 막고 몸통지르기 hansonnal-makgo momtong-jireugi
4번	앞차고 아래막고 몸통지르기 ap-chago naeryeo(area)-makgo momtong-jireugi

태극 4장 Taegeuk 4 Jang	품새풀이 Poomsae application
1번	거들어 손날 막고 손끝 세워 찌르기 geodeureo sonnal makgo sonkkeut-sewo-jjireugi
2번	제비품목치고 앞차고 몸통지르기 jebipum-mok-chigo ap-chago momtong-jireugi
3번	옆차고 옆차고 손날막기 yeop-chago yeop-chago sonnal-makgi
4번	바깥막고 앞차고 몸통막기 bakkat-makgo ap-chago momtong-makgi
5번	몸통막고 두 번 지르기 momtong-makgo dubeon(twice)-jireugi

태극 5장 Taegeuk 5 Jang	품새풀이 Poomsae application
1번	아래막기→메주먹 내려치기 naeryeo(area)-makgi→mejumeok naeryeo-chigi
2번	앞차고 몸통막고 몸통막기 ap-chago momtong-makgo momtong-makgi
3번	앞차고 등주먹 앞치고 몸통막기 ap-chago deungjumeok ap-chigo momtong-makgi
4번	한손날 바깥막기→팔굽 돌려치기 hansonnal bakkat-makgi→palgup-dollyeo-chigi
5번	얼굴막기→옆차고 팔굽치기 ollyeo(eolgul)makgi→yeop-chago palgup-chigi

태극 6장 Taegeuk 6 Jang	품새풀이 poomsae application
1번	아래막기→앞차고 몸통바깥막기 naeryeo(area)-makgi→ap-chago momtong-bakkat-makgi
2번	한손날 비틀어 얼굴막기→돌려차기(얼굴, 몸통, 아래) hansonnal biteureo ollyeo(eolgul)-makgi→dollyeo-chagi(face, upper body, lower body)
3번	거들어 손날 막기→거들어 손날막기→바탕손막고 몸통지르기 geodeureo sonnal-makgi→ geodeureo sonnal-makgi→batangson-makgo momtong-jireugi

태극 7장 Taegeuk 7 Jang	품새풀이 poomsae application
1번	바탕손 몸통막기→앞차고 몸통막기 batangson momtong-makgi→ap-chago momtong-makgi
2번	손날 아래막기→손날 아래막기 sonnal naeryeo(area)-makgi→sonnal-naeryeo(area)-makgi
3번	바탕손 막고 등주먹 앞치기 batangson-makgo deungjumeok ap-chigi
4번	가위막고 가위막기 gawi-makgo gawi-makgi
5번	헤쳐막기→무릎치고 젖혀지르기→엇걸어 아래막기 hecheo-makgi→mureup-chigo jeocheo-jireugi→eotgeoreo(cross) naeryeo(area)-makgi
6번	바깥등주먹 치기→표적차고 팔굽치기 bakkat-deungjumeok -chigi→pyojeok(target)-chigo palgup-chigi

태극 8장 Taegeuk 8 Jang	품새풀이 poomsae application
1번	거들어 바깥막고 몸통지르기→두발당성앞차고 몸통막고 두 번 지르기 geodeureo bakkat-makgo momtong-jireugi→dubaldangseong-ap-chago momtong-makgo dubeon(twice) jireugi
2번	외산틀 막고 당겨 턱지르기→손날막고 몸통지르기 oesanteul makgo danggyeo teok-jireugi→sonnal-makgo momtong-jireugi
3번	거들어 손날막기→앞차기→바탕손 막기 geodeureo sonnal-makgi→ap-chagi→batangson makgi
4번	한손날 막기→팔굽치기 등주먹치기→몸통지르기 hansonnal makgi→palgup-chigi deungjumeok-chigi→momtong-jireugi

고려 Koryo	품새풀이 poomsae application
1번	거들어 손날 막기→거듭 옆차기→손날 바깥치고 몸통지르기→몸통막기 geodeureo sonnal makgi→geodeup yeop-chigi→sonnal bakkat-chigo momtong-jireugi→momtong-makgi
2번	앞차고 한 손날 아래막고 칼제비 ap-chago hansonnal naeryeo-makgo kaljaebi
3번	앞차기(공격)→무릎꺾기 ap-chigi(attack)→mureup-kkeokgi
4번	한손날 몸통옆막기→옆차기→젖혀 찌르기 hansonnal momtong-yeop-makgi→yeop-chagi→jeocheo jjireugi
5번	바탕손 눌러 막기→팔굽 옆치기→날깨펴며 메주먹 아래 표적치기 batangson nulleo makgi→palgup yeop-chigi→nalgae-pyeogi mejumeok area pyojeok(target)-chigi

금강 Keumgang	품새풀이 Poomsae application
1번	안팔목 몸통 헤쳐막기→당겨 턱치기 an-palmok-momtong hecheo-makgi→danggyeo teok-chigi
2번	한손날막기→학다리 금강막기→큰 돌쩌귀 hansonnal-makgi→hakdari-keumgang-makgi→keun doljjeogwi
3번	산틀막기 santeul-makgi
4번	헤쳐막기→헤쳐 아래막기 hecheo-makgi→hecheo naeryeo(area)-makgi

태백 Taebaek	품새풀이 Poomsae application
1번	손날 아래 헤쳐막기→앞차고 두 번 지르기 sonnal area hecheo-makgi→ap-chago dubeon-jireugi
2번	제비품 목치기→걷어막기→몸통지르기 jebipum mok-chigi→geodeo-makgi→momtong-jireugi
3번	금강몸통막기→턱 당겨 지르고 몸통옆지르기 keumgang-momtong-makgi→teok danggyeo jireugo momtong-yeop-jireugi
4번	옆차고 팔굽치기 yeop-chago palgup-chigi
5번	손날막기→손끝찌르기→손목빼기→뒤돌아 바깥등주먹 치기 sonnal-makgi→sonkkeut-jjireugi→sonmok-ppaegi→dwidora bakkat-deungjumeok chigi

평원 Pyongwon	품새풀이 Poomsae application
1번	손날 아래 헤쳐막기→통밀기 준비 sonnal area hecheo-makgi→tongmilgi junbi
2번	한손날 아래막기→한손날 몸통 바깥막고 팔굽올려치기 hansonnal area-makgi→hansonnal momtong bakkat-makgi palgup-ollyeo-chigi
3번	앞차고 몸돌아 옆차기 ap-chago mom-dora yeop-chagi
4번	거들어 옆막기→짓찧어 턱 당겨치고 턱 당겨치기 geodeureo yeop-makgi→jitjjiko teok danggyeo-chigo teok danggyeo-chigi
5번	멍에치기→헤쳐 산틀막기 meonge-chigi→hecheo santeul-makgi

십진 Sipjin	품새풀이 poomsae application
1번	손비닥 몸통 거들어 바깥막기→손끝 엎어 찌르기→두 번 지르기 sonbadak momtong geodeureo bakkat-makgi→sonkkeut eopeo jireugi→dubeon(twice) jireugi
2번	바위밀기 bawi-milgi
3번	끌어올리기→앞차기→젯나리 시르기 kkeureo-olligi→ap-chigi→chetdari jireugi
4번	아래 엇걸어 손날막기→손날등 몸통막기 area eotgeoreo(cross) sonnal-makgi→sonnaldeung momtong-makgi

품새의 단계별 분류 | Classification of Taekwondo Poomsae application levels

과정 Phase	내용체계 contents	
품새 기초1 poomsae basic 1	▶ 유급자 품새에 대한 이해 understanding kup-grade poomsaes ● 태극 1장 Taegeuk 1 Jang ● 태극 2장 Taegeuk 2 Jang ● 태극 3장 Taegeuk 3 Jang ● 태극 4장 Taegeuk 4 Jang ● 태극 5장 Taegeuk 5 Jang ● 태극 6장 Taegeuk 6 Jang ● 태극 7장 Taegeuk 7 Jang ● 태극 8장 Taegeuk 8 Jang	태권도 품새 원리와 국기원 표준 동작의 이해 Understanding Taekwondo Poomsae principles and Kukkiwon standard movements ● 동작, 모양, 과정, 방법 Movement, shape, process, method ● 원리, 시선, 몸의 중심이동, 속도의 완급, 힘의 강약, 호흡 fundamentals, gaze, shifting body balance, speed control, power control, breathing
품새 기초2 유단자(1~5단 품새) poomsae basic 2 Dan-grade(1~5 Dan poomsaes)	▶ 유단자 품새에 대한 이해 Understanding Dan-grade poomsaes ● 고려품새 Koryo poomsae ● 금강품새 Keumgang poomsae ● 태백품새 Taebaek poomsae ● 평원품새 Pyongwon poomsae ● 십진품새 Sipjin poomsae	품새의 숙련 및 활용 Poomsae proficiency and utilization
품새 심화 유단자(6~9단 품새) advanced poomsae Dan-grade(6~9 Dan poomsaes)	▶ 유단자 품새에 대한 이해 Understanding Dan-grade poomsaes ● 지태품새 Jitae poomsae ● 천권품새 Chonkwon poomsae ● 한수품새 Hansu poomsae ● 일여품새 Ilyeo poomsae	응용기술을 통한 다양한 표현의 단계 Various expressions via advanced applications

유급자 승급체계도(안) — Kup-grade advancement system

띠 체계	품새 수련과제	손기술 수련과제	발차기 수련과제	품새풀이 수련과제
18급	입문	도장규칙	준비동작 배우기	입문
17급	관장님 이름 외우기	주먹 쥐는 방법	발쓰기	입문
16급	관훈 외우기	손날 펴는 방법	서기	입문
15급	관훈 외우기	팔쓰기의 종류	서기	입문
14급	기본 지르기	팔 크게 쓰기	딛기	입문
13급	기본 지르기	손막기 기술	딛기	기합넣기
12급	기본동작	1단계 반대지르기	앞 뻗어 올리기	자기소개
11급	기본막기	2단계 바로지르기	앞차기	막기 방향
10급	기본지르기	3단계 두 번 지르기	앞차기	지르기 방향
9급	기본동작 연결	4단계 돌려 지르기	돌려차기	맞추어 기본 공방법 1단계
8급	태극1장	5단계 돌려 지르기	돌려차기	맞추어 기본 공방법 1단계
7급	태극2장	6단계 치 지르기	돌려차기	맞추어 기본 공방법 2단계
6급	태극2장	팔굽치기, 치 지르기	옆차기	맞추어 기본 공방법 2단계
5급	태극3장	팔굽치기, 젖혀 지르기	옆차기	태극1장 품새풀이
4급	태극4장	젖혀 지르기	뒤차기 연습	손기술 막기 12단계
3급	태극5장	막기 1, 2단계	뒤차기 연습	손기술 막기 12단계
2급	태극6장	막기 3, 4단계	앞 후려차기	태극1장 품새풀이
1급	태극7장, 8장	막기 5, 6단계	뒤 후려차기	태극2장 품새풀이
국기원	태극8장 및 품새 총 연습	기본지르기 6단계 막기 1~6단계	뒤 후려차기	태극3장 품새풀이

	poomsae training task	Hand technique training task	Chagi training task	Poomsae application training task
18kup	initiation	dojang rule	Learning ready poses	initiation
17kup	Learning instructor's name	forming a jumeok	using foot	initiation
16kup	Learning Dojang motto	forming a sonnal	seogi	initiation
15kup	Learning Dojang motto	ways of using arm	seogi	initiation
14kup	basic jireugi	arm usages	ditgi	initiation
13kup	basic jireugi	hand techniques	ditgi	kihap
12kup	basic movement	No.1 Bandae (opposite)-jireugi	Lifting the legs	introduce oneself
11kup	basic makgi	No.2 baro-jireugi	ap-chagi	makgi direction
10kup	basic jireugi	No.3 dubeon jireugi	ap-chagi	jireugi difection
9kup	basic consecutive movement	No.4 dollyeo jireugi	dollyeo-chagi	Machuo Gyeorugi basic No.1
8kup	Taegeuk 1 jang	No.5 dollyeo jireugi	dollyeo-chagi	Machuo Gyeorugi basic No.1
7kup	Taegeuk 2 jang	No.6 chi jireugi	dollyeo-chagi	Machuo Gyeorugi basic No.2
6kup	Taegeuk 2 jang	palkup-chigi, chi jireugi	yeop-chagi	Machuo Gyeorugi basic No.2
5kup	Taegeuk 3 jang	palkup-chigi, jeocho jireugi	yeop-chagi	Taegeuk 1 Jang poomsae application
4kup	Taegeuk 4 jang	jeocho jireugi	dwi-chagi	12 Hand defense technique
3kup	Taegeuk 5 jang	defense No.1, 2	dwi-chagi	12 Hand defense technique
2kup	Taegeuk 6 jang	defense No.3, 4	ap huryeo-chagi	Taegeuk 1 Jang poomsae application
1kup	Taegeuk 7,8 jang	defense No.5, 6	dwi huryeo-chagi	Taegeuk 2 Jang poomsae application
kukkiwon	Taegeuk 8 jang and Taegeuk poomsae(1-8) review	Basic jireugi No.6 makgi No.1~6	dwi huryeo-chagi	Taegeuk 3 Jang poomsae application

생각해보기 Let's think 수업 목표 및 전략 예시안 Class goals and examples of lesson strategies

본 예시안은 지도자에 따라 다르게 적용시킬 수 있도록 제시한 것이다. 따라서 이 예시안을 참고로 해서 각기 다른 도장의 환경과 시간에 따라 차등하여 적용하도록 한다.

These examples are suggested to instructors for them to use in various ways when instructing trainees. Instructors can adopt these examples in their own ways depending on their Dojang(cymnasium) circumstances.

예시안 1 / example 1

영역	유급자 품새	차시	수업 모형
주제	태극 1장 단락별 풀이 익히기	1/3	직접 교수 모형
수업 목표	태극 1장의 단락별 손기술 발기술 동작을 연결하여 반복하여 숙달한다.		
수업 전략	학습 방법	전체 학습 및 모둠(개별)학습	
	용품 및 도구	없음	

Area	Kup-grade poomsae	Occation	Teaching method
Theme	Understanding Taegeuk 1 Jang application phase by phase	1/3	Direct teaching
Class goal	practice hand and foot techniques of Taegeuk 1 Jang phase by phase		
Class strategy	learning method	Whole/individual	
	Teaching supply	none	

생각해보기 Let's think | **지도, 교수법 예시안** an example of teaching methods

단계	학습 요소	교수·지도 활동	시간	주의사항
1단계	간단한 인사말 준비운동	▶ 수련생들에게 간단한 인사를 하고 그날 배울 내용을 알려준다. ▶ 부상방지를 위해 준비운동을 한다. ▶ 태극1장에서 품새풀이에 필요한 손기술과 발기술을 설명한다. ▶ 태권도의 가장 핵심은 하체이다. 다리 근력을 키우기 위한 수련을 한다. (예: 스쿼트)	10	준비운동을 철저히 한다.
2단계	태극1장 품새풀이에 필요한 내용습득	▶ 태극1장에서 나오는 동작을 낱동작으로 연습한다. ▶ 태극1장에서 나오는 단락별 동작을 연습한다. ▶ 손기술을 연습할 때는 어깨에 힘을 빼고 팔꿈치가 들리지 않도록 한다. ▶ 지르기를 할 때 팔꿈치가 옆구리를 스치듯 몸 가까이에 붙여서 지른다.	15	품새풀이의 이해가 잘 될 수 있도록 이론도 설명한다.
3단계	집중연습	▶ 태극1장의 연결동작을 연습한다. ▶ 아래막고 몸통지르기를 집중 연습한다. ▶ 앞차고 몸통지르기 연결과정을 연습한다. ▶ 파트너와 함께 2인1조로 구령 없이 연습한다.	20	파트너에게 예의를 갖추도록 한다.
4단계	정리	▶ 태극1장의 중요 부분을 강조한다. ▶ 정리운동을 충분히 한다. ▶ 부족한 부분은 다시 한 번 설명하고 강조한다. ▶ 정확한 동작을 실시했는지 물어본다. ▶ 질의응답을 실시한다.	15	질문자들의 질문에 성의껏 대답한다.

Step	Learning elements	Instruction	Duration	Caution
step 1	greetings and warming-up	▶ say greetings to trainees and tell them what they are going to learn. ▶ do warm-ups in order to prevent injury. ▶ explain hand and foot techniques of Taegeuk 1 Jang Poomsae application. ▶ explain the importance of lower body in Teakwondo Exercise the lower body. (ex: squat)	10	Do warm-up extensively
step 2	learning the contents of Teageuk 1 Jang poomsae application	▶ practice each movement of Teageuk 1Jang. ▶ practice each phase of Teageuk 1 Jang. ▶ when practicing hand techniques relax the shoulder and do not let the elbows go up. ▶ when executing a jireugi, have the elbow close to his/her body and punch as though the elbow would hit the side of his/her body.	15	explain theories of the Poomsae application
step 3	intensive practice	▶ Practice consecutive movements of Taegeuk 1 Jang. ▶ practice area-makgi, momtong- jireugi intensively. ▶ Practice consecutive movements of ap-chago momtong-jireugi. ▶ form a group of two people and practice without commands.	20	be polite to the partner
step 4	wrap up	▶ review the key movements of Teageuk 1 Jang. ▶ do wrapping-up exercise. ▶ re-explain and emphasize today's learning if needed. ▶ ask trainees if they executed movements accurately. ▶ do Q&A.	15	answer the questions sincerely

생각해보기 Let's think 심사평가표, 또는 동료 평가표 Evaluation test form. Or peer evaluation

평가 항목	상(3점)	중(2점)	하(1점)	계	느낀 점(예시)
품새풀이의 이해도	○			3	아래막기의 동작이해
정확성			○	1	정확한 위치 선정
힘의 강, 유			○		끝점의 절도
속도의 완, 급		○		2	빠른 속도
중심이동			○	1	앞쪽으로 쏠림
시선			○	1	하늘을 보고 있음
합 계				8	

Evaluation entry	Good(3)	Fair(2)	poor(1)	number	notes(ex:)
Understanding of the poomsae application	○			3	Understood area-makgi
Accuracy			○	1	Accurate positioning
Power control			○		Move with discipline
Speed control		○		2	Fast
Shifting balance			○	1	Leaning forward
Gaze			○	1	Look up to the sky
Total				8	

I. 태권도 품새의 본질
The essence of Taekwondo Poomsae

I. 태권도 품새의 본질
The essence of Taekwondo Poomsae

1. 중요한 것은 본질이다
The importance of the essence

태권도의 근간은 품새다. 품새에 대한 정의는 양생적인 정의, 체육적인 정의, 호신적인 정의, 정신적인 정의 등 여러 학문적 근거가 있다. 하지만 모든 것을 한 번에 묶을 수 있는 것이 본질이다.

중요한 것은 본질이다!

우리 자랑스러운 태권도는 본질에서 시작하고 본질을 잘 배우고 익히는 것이 태권도를 정확하게 배우는 것이다.

태권도는 여기서부터 출발해야 한다. 그렇다면 태권도의 본질은 무엇일까?

The foundation of Taekwondo is the poomsae. The poomsae is defined by various terms such as curative, physical, self-protective, and psychiatric definitions. However, what ties all together is the essence.

Taekwondo follows the same principle. Then, what is the essence of Taekwondo?

2. 태권도의 본질은 실전에서 출발
The essence of Taekwondo is rooted in the actual fight

"태권도의 본질"은 실전 : 일격필살(一擊必殺)이다!
"The essence of Taekwondo is the actual fight and a deathblow"

1) 가장 약한 부분(급소)을 가장 빠르고 강력하게 공격하는 것이 일격 필살이다
1) A deathblow is to attack the vitals in the most effective way

지구 상에 현존하는 많은 무술은 이처럼 대동소이(大同小異)하며 태권도 또한 이 범주를 벗어날 수 없다.

청도관의 창시자 이원국은 이렇게 서술했다. 태권도는 인체의 가장 약한 부위(급소)를 공격하여 일격일축(一擊一蹴)으로 제압하는 기술이다. 현재의 태권도는 어떤가? 현재 경기화 되어 있는 스포츠 태권도는 상대의 몸통이나 얼굴 등 제한된 룰에 의한 공격이 득점으로 득점이 표출되면 승리하는 스포츠로 자리 잡았다.

All the martial arts exist on Earth would be essentially the same with the sentence above, and Taekwondo wouldn't be an exception. Lee Wonguk, the founder of Chunddogwan, wrote 'Taekwondo is a technique that attacks the weakest parts of the body with one deathblow and overpower the opponent.' What about today's Taekwondo? Today's Taekwondo has become a sport game that hitting opponent's face, torso or etc earns points and wins.

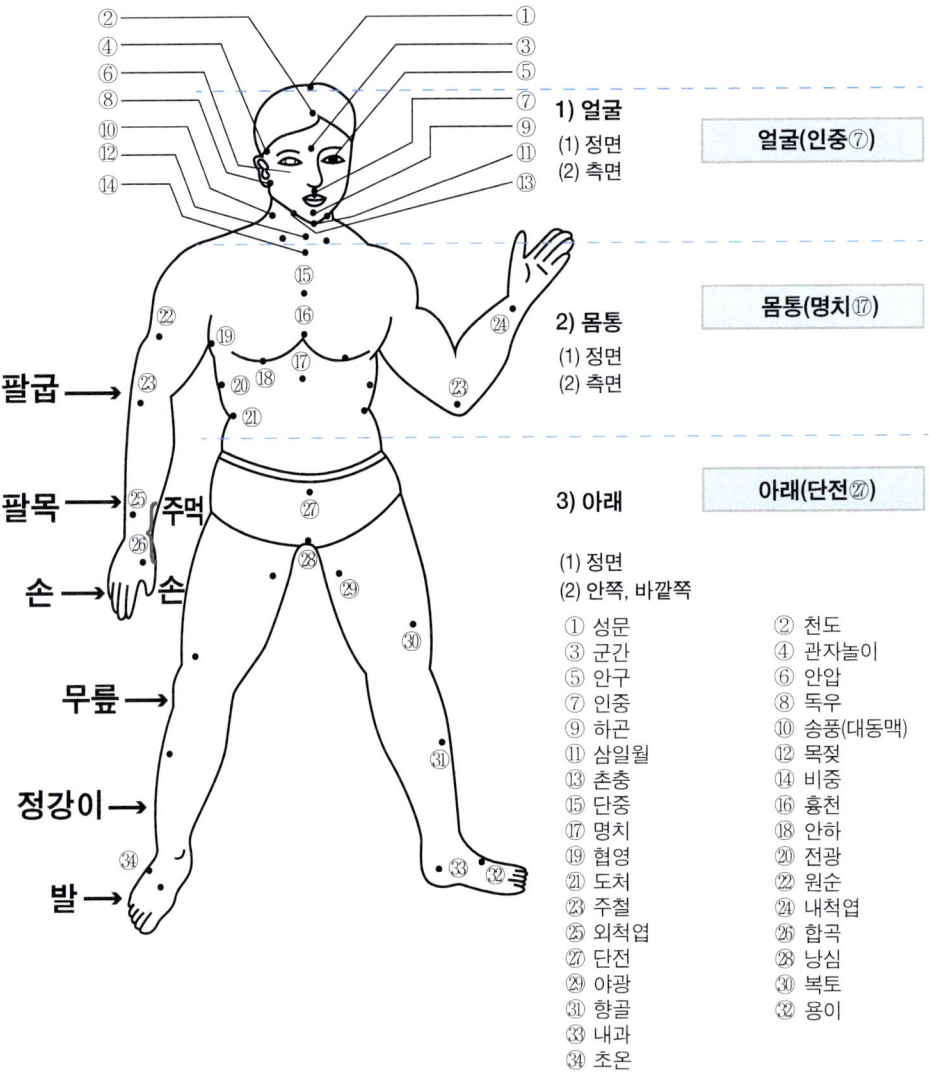

위의 사진은 국기원이 제시한 급소의 명칭이다. 그런데 이 급소들은 대부분은 경기겨루기에서 가격이 금지되어 있거나 가격을 하면 파울로 인정된다.
그래서 태권도의 경기겨루기가 태권도 전체를 대표할 수는 없다.

The picture above has the names of the vitals that Kukkiwon provided. However, striking the vitals is prohibited, and it is counted as a foul if striked. Therefore, Taekwondo Gyeorugi cannot represent the entire Taekwondo.

사범들을 양성하는 국기원 1, 2급 지도자 연수 교재에 보면 '태권도는 상대를 제압하는 격투기법의 체계이다. 직설적으로 말해서 싸움의 기술인 것이다.'라고 기술되어 있다. 태권도는 실전이라고 돌직구로 표현해 놓은 것이다.

태권도 품새의 정의를 살펴보면 품새란 태권도의 정신과 기술의 정수를 모아 심신수양과 공방의 원리를 직, 간접적으로 나타낸 행동양식이다. 품새의 품 하나하나는 생존에 따른 실전적 기술을 바탕으로 만들어졌으며 동작을 통해 정신수양과 신체의 건강 그리고 호신을 목적으로 만들어진 과학적인 기술의 결정체이다.

기술적인 측면에서 보면 품새가 곧 태권도이며 기본동작은 품새 동작의 바탕이 되는 동작이고 겨루기는 품새의 실전 응용 동작이다. (국기원 교본304p 2005, 국기원 태권도 사범 교육과정 품새 과목 강사용 표준 강의 지도서(2014))

태권도의 유형별 분류

태권도의 본질이 무예이므로 실전에 응용이 가능한 기법에 의한 유형의 분류가 가장 중요하다. (국기원 교본 307p)

위에서 말하는 주된 이야기는 한결같이 태권도는 실전을 바탕으로 두고 있다는 것이다. 그렇다면 우리의 태권도 품새는 어떠할까! 실전을 바탕으로 한 태권도의 기본 낱 동작을 하나하나 모아둔 품새는 태권도의 근간(根幹)을 이룬다.

Taekwondo Textbook. Kukkiwon 1, 2 kup Instructor training textbook is built up with fight techniques that can be used to overpower one's opponent. To say it directly, Taekwondo is a form of actual fighting.

In the definition of Taekwondo Poomsae, the poomsae is 'the style of conduct which expresses directly or indirectly mental and physical refinements as well as the principles of offense and defense resulting from cultivation of Taekwondo spirit and techniques.' Poomsaes follow the poomsae lines which are lines that marks the location of foot and moving direction. Each poom of the poomsaes has been formulated with actual fight techniques needed for survival, and each poom is a result of scientific exploration made for mental cultivation and self-protection. In technical term, 'the poomsae itself is Taekwondo, and the basic movements are no more than the preliminary actions to reach the poomsae. The Gyeorugi is a practical application of the poomsae(…)' (Kukkiwon Textbook 304p 2005, Kukkiwon Taekwondo instructor poomsae training (2014))

In 'the categories of Poomsae', it is written 'The essence of Taekwondo is the martial art: therefore, the categorization of praticable patterns of techniques is important.' (kukkiwon textbook, 307p)

The main idea of all the texts above is that Taekwondo has its base in actual fighting. No Taekwondo practitioner can deny this fact. Each poom that is based on actual fighting forms the roots of Teakwondo.

3. 품새를 배우는 목적은 몸놀림을 이해하는 과정
The purpose of learning Poomsae is to understand body movements

팔과 다리를 잘 사용하려면 몸놀림을 잘해야 한다. 많은 사람이 팔과 다리의 힘으로 공격과 방어를 하며 힘을 쓰려고 한다. 우리에게는 **팔과 다리를 움직일 수 있는 운영체**가 필요하다.

팔, 다리를 자유롭게 움직일 수 있는 운영체! 그것이 곧 몸통(허리)이라고 할 수 있는데 태권도의 막기와 지르기, 차기, 치기 등 지면 반력에 의해 힘을 발출시켜 몸통(허리)에 모으고 다시 타점이 있는 곳과 지탱해주는 곳으로 배분시키는 역할을 하는 것이 몸통(허리)이다. 몸통을 움직이면 팔과 다리는 저절로 몸통이 움직이는 방향대로 따라서 움직일 뿐이다. 팔을 흔들어서 나오는 힘보다 몸통에서 나오는 힘을 팔에 전달시켜 사용하는 것이 훨씬 강력한 힘을 낼 수 있다. 팔은 그저 몸통이 움직이면 그 순리에 맞게 흔들리듯 움직일 뿐이다.

태권도에서 "몸통"의 움직임을 배우는 것이 태권도 몸놀림의 기초를 습득하게 되는 것이다.

모든 동작에는 공방이 존재하고 그 원리에 따라 수련체계가 나누어져 있다. 우리가 품새를 배우는 이유는 다양한 실전의 동작과 양생적 몸짓을 일정한 연무선 위에서 수련함으로써 실전이나 일상생활에서 발생할 수 있는 다양한 기법들을 알아내고 몸이 반응하는 움직임을 연마하고 수련해 나가는 과정이다.

그래서 태권도 품새 속에 나오는 동작들은 실전적이어야 한다.

이것이 태권도 평생수련(平生修鍊)을 해야 하는 의미이다.

In order to use arms and legs well, one should be able to use body movements well. Many people attack or defend using the power of arms and legs only. However, legs and arms are only sub-apparatuses that are attached to the central mechanism.

In terms of our body, the central mechanism would be our trunk(waist). When we make a movement such as jireugi, chagi, and chigi, the ground reaction force is drawn to our trunk; then, the trunk distributes the force to the target and to where maintains the body balance. This is why the trunk should not be leaning toward any direction in any occasion.

When our trunk moves our arms and legs follows. Using the transmitted power that is generated from your trunk is more powerful than using the sole power of your arms and legs.

In Taekwondo, our trunk is **the central mechnism**; in other words, learning to move the trunk is to learn the basics of Taekwondo movement.

All the movements are divided into defense and offense movements, and the training system follows the principal. The reason why we learn the poomsae is to understand the movements that our seniors have made, to learn what may be needed in our everyday life, and to study and train how our body reacts to different circumstances. This is why the movements in the poomsaes have to be applicable to the real situations.

This is why we need a life time Taekwondo training.

태권도를 과연 실전 무술이라고 생각하고 있을까? 라는 질문에 쉽사리 대답하지 못한다.

태권도는 전 세계 많은 사람이 즐기는 스포츠이다. 그러나 대한민국에서 태권도는 어린이들이 배우는 하나의 필수 코스라고 생각하고 있다.

이런 사회적 인식은 태권도를 지도하는 사범들에게도 자연스럽게 이어져 어린이들을 지도할 수 있는 시스템으로 발전을 거듭했지만, 엘리트 태권도 선수들을 제외하면 청소년이나 성인들이 즐길 수 있는 교육시스템은 찾아볼 수 없게 되었다.

그리고 태권도 품새는 그저 단증을 따기 위해서 배우는 정도로 밖에 생각하지 않는다. 왜냐하면, 태권도 단증을 취득하기 위해서 평가(합격, 불합격)가 필요한데 합격과 불합격을 줄 수 있는 객관적이고 명확한 평가가 바로 품새다. 품새는 그 동작과 패턴이 모든 수련생에게 공평하게 주어지기 때문에 동작이 틀릴 경우 불합격을 받을 수 있는 정확한 근거가 생기기 때문이다.

이런 상황이 계속되다 보니 일선 도장에서는 품새를 배우는 진정한 목적을 잃어버린 채 품새 동작을 외우는 학습의 형태로만 지도하는 교육이 대부분을 이루고 있다.

No one easily says that Taekwondo is a actual fight martial art. However, it is also true that it has become a beloved sport that people from all over the world enjoy.

In Korea, however, Taekwondo has become a necessary course that all children have to take. Due to this social understanding, Taekwondo programs for children have been developed and revised over time, whereas there is hardly any program that regular adults can enjoy, except very few programs for elite Taekwondo athletes.

Furthermore, many consider poomsaes as sets of movements that one needs to memorize in order to pass the test to get a Dan license. Poomsaes are used for advancement tests because they have definite standards for right or wrong movements; they allow one to evaluate the forms objectively. Due to this reason, many instructors have forgot the real meaning and purpose of the poomsae and are only focusing on trainees' memorization.

KTA 태권도 품새틀이
(KTA Taekwondo Poomsae Pool sihdation)

II. 품새풀이를 배우는 진정한 목적
The real purpose of learning the poomsae application

II. 품새풀이를 배우는 진정한 목적
The real purpose of learning the poomsae application

1. 태권도 품새의 구분
Classification of Taekwondo Poomsae

국기원 교본에 보면 품새의 품 하나하나는 생존에 따른 실전적 기술을 바탕으로 만들어졌으며 동작을 통해 정신수양과 신체의 건강 그리고 혼신을 바탕으로 만들어낸 과학적 기술의 결정체이다고 품새에 대하여 정의하고 있다.

그렇다면 품새 속에 숨어 있는 동작과 그 의미를 알고 그 정신을 배운다면 위에서 제시한 태권도의 정신, 기술, 건강 등을 많은 사람에게 인정받게 될 것이다.

품새를 배우는 진정한 의미가 여기에 있다.

In Taekwondo textbook, the poomsae is definded as 'each poom of the poomsae has been formulated with actual fight techniques needed for survival, and each poom is the result of scientific exploration made for mental cultivation and self-protection.' So if we understand the movements and meanings within the poomsae and learn the spirit of it others will also acknowledge the different qualities of Taekwondo such as its spirit, technique, health and etc.

This is the purpose of learning the poomsae.

태극1장은 앞서기라는 독특한 서기가 있다. 이 서기는 우리가 걸어가는 걸음걸이다. 그러므로 누구나 배우지 않아도 앞서기를 할 수 있다.

In Taegeuk 1 Jang, there is a unique standing called Ap-seogi(forward stance). We do an ap-seogi in our everyday life when walking; without learning, everyone is already doing an ap-seogi.

앞서기로 서 있다가 갑자기 앞굽이로 중심을 낮추는 기술이 나오는데 이것은 몸에 힘 빼고 중심을 낮추면 자동적으로 앞굽이가 된다.

Lowering the balance and relaxing the body from an ap-seogi naturally makes an ap-kubi(forward inflection stance).

품새의 동작을 잘 살펴보면 실전성에 유사한 동작들도 담겨 있다. 이 책은 그 실전성을 찾아내는데 의미를 두고 그 동작이 의미하는 것이 무엇인지 알아내는데 중점적으로 기술했다.

Poomsae contains the movements that are also applicable to the actual fight. This book is focused on discovering the movements' practical uses and their meanings.

2. 태권도 품새의 실전 활용
Actual fight applications of Taekwondo Poomsae

숨겨진 품새의 동작과 의미를 이해하라!

태권도의 품새 속에는 많은 실전의 동작이 숨겨져 있다. 품새 속에 숨겨져 있는 동작을 알 수 있도록 체계적으로 배열하고 실전 기술들을 누구나 쉽게 수련할 수 있도록 이 책이 방향성을 잡아 줄 것이다.

따라서 이 책에서는 어린이가 쉽게 배울 수 있는 품새풀이(1단계) 청소년, 성인들이 배울 수 있는 실전 품새풀이 숙련과정을 난이도 별로 제공한다.

Understand hidden movements of poomsae and thier meanings!

This book will introduce the hidden movements and direct trainees to easily approach the movements. This book provides Level 1 poomsae application and Level 2 poomsae application in actual fight training courses for children and adults.

포인트 POINT

이제부터 배우게 될 태권도 품새풀이는 지금까지 배워왔던 품새에서는 볼 수 없었던 것으로 구성되어 있다. 품새의 동작 속에 숨어있는 실전 기술을 찾아내어 그 기술들을 체계화시켜 태권도의 본질인 무예 (국기원 교본 2005)의 기술적 체계를 확보할 수 있기 때문이다.
또한, 태권도 품새 속에 담겨져 있는 다양한 동작들을 이해하고 그것을 배움으로써 태권도 품새의 우수성을 알릴 수 있다.

이번 대한 태권도 협회(이하 KTA에서 "KTA 태권도 품새풀이")를 책으로 엮어내어 어린이가 배울 수 있는 품새풀이(1단계), 청소년, 성인들이 배울 수 있는 실전 품새풀이(2단계)를 제시한다.

태권도 품새의 다양한 동작이 어떻게 변하고 실전에 대비되는지 이 책을 통해 태권도의 증명하고 태권도의 영역을 다양성, 실전성, 체육성 등을 확장시키는 동시에 국내와 세계 태권도 시장에 표준모델을 제시할 수 있을 것이다.

The poomsae application you are going to learn here is composed of movements which are not seen in the standard poomsaes. This chapter is focused on the martial art qualities of Taekwondo and the hidden movements of poomsaes that you can apply in actual fights.
Furthermore, you can understand and learn the meanings behind each poomsae movement, and through learning them you may introduce the excellence of the poomsae to others.

This book KTA Taekwondo poomsae application provides Level 1 poomsae application and Level 2 poomsae application in actual fight training courses for children and adults.

This book prepares trainees for actual fights. It will also extend practicality and physical training qualities of Taekwondo and provide a standard model in the world and domestic Taekwondo market.

3. 태권도 품새풀이의 구성체계
Configuration system of Taekwondo Poomsae application

태권도 품새를 구분해 보면 유급자 품새 태극 1~8장 8개가 있고, 유단자 품새 고려, 금강, 태백, 평원, 십진, 지태, 천권, 한수, 일여 이렇게 9개 총 17개의 지정품새가 있다(1972년). 품새는 단순하면서 쉽게 배울 수 있는 공격과 방어의 수단으로 구성되어 있으며 남녀노소가 부상 없이 즐길 수 있고 한 번 배우고 나면 스스로 평생을 수련할 수 있는 방법들이 나오는데 태권도를 쉽게 배우는 장점 중의 하나이기도 하다. (태권도 실전손기술 대한태권도 협회 2013)

Categorizing Taekwondo Poomsaes, there are eight Taegeuk 1-8 for Kup-grade and poomsae Koryo, Keumgang, Taebaek, Pyongwon, Sipjin, Jitae, Chonkwon, Hansu and Ilyeo for Dan-grade poomsae: 17 standard poomsaes, as a whole(1972). A poomsae is constructed with simple and easy movements of offense and defense that everyone can learn, and it also has ways that one can train oneself throughout one's entire life which is one of the advantages of poomsae training. (Taekwondo hand technique KTA 2013)

품새명	유급자 품새 동작수(품)	품명	유단자 품새 동작수(품)
태극 1장	18	고려	30
태극 2장	18	금강	27
태극 3장	20	태백	26
태극 4장	20	평원	21
태극 5장	20	십진	28
태극 6장	19	지태	28
태극 7장	25	천권	26
태극 8장	27	한수	27
		일여	23
합계	167		236
총계	403		

Title	Number of movements in Kup-grade poomsae	Title	Number of movements in Dan-grade poomsae
Taegeuk 1 Jang	18	Koryo	30
Taegeuk 2 Jang	18	Keumgang	27
Taegeuk 3 Jang	20	Taebaek	26
Taegeuk 4 Jang	20	Pyongwon	21
Taegeuk 5 Jang	20	Sipjin	28
Taegeuk 6 Jang	19	Jitae	28
Taegeuk 7 Jang	25	Chonkwon	26
Taegeuk 8 Jang	27	Hansu	27
		Ilyeo	23
sum	167		236
Total	403		

품새 속에 숨어있는 많은 기술 체계들을 체계적으로 배우고 익히기 위해서는 일정한 공식으로 이루어진 학습체계와 교육과정이 필요하다.

"태권도 실전 품새풀이"는 이러한 고민을 해결할 수 있게 학습 과정을 엮어내고 품새 동작의 뜻을 풀이하고 그 품새풀이를 통해서 모든 태권도 수련생들이 더 쉽게 배울 수 있도록 영역별, 난이도별, 수준별로 나누어 놓았다.

품새풀이의 기술 체계는 영역별에서는 큰 틀에서 기본 품새풀이와 청소년, 성인들을 위한 숙련과정으로 분리하였고 난이도별에서는 쉬운 동작부터 어려운 동작을 체계적으로 나눴으며 수준별에서는 급별, 단별, 유급자, 유단자별로 분리하여 집필했다.

In order to learn techniques that are hidden in the poomsae, certain education systems and formulated training courses are needed. For this reason KTA Taekowndo Poomsae application, provides learning process models and training courses which are categorized by field, grade and level of difficulty. It also expands upon each movement of the poomsae, so that the trainees may practice more effectively.

The technical system of poomsae application is largely divided into basic and advance level for youth and adult in field classification, into easy and hard movements in level of difficulty classification, and into Kup and Dan in grade classification.

영역별 Field	기본 품새풀이 1단계 Basic poomsae application level 1	품새풀이 숙련과정 2단계 Advanced poomsae application level 2
난이도별 Level of difficulty	학습형 단계 Learning level	실전형 단계 Actual fight level
수준별 Grade	급별, 일반 Kup, Trainees	단별, 선수별 Dan, Athletes

태권도 실전 품새풀이를 배우게 될 경우 거리감각과 순간(타이밍)을 조정할 수 있고 품새 속에 숨겨진 실전 기술을 반복적으로 수련할 수 있는 체계가 생기게 되므로 전 세계 수련생들에게 태권도 교육과정을 제시하는 데 많은 도움이 된다.

태권도의 실전성을 겨루기 경기에서 증명하는 데 한계가 있다. 경기 겨루기는 동일한 조건에서 제한된 규칙을 가지고 시합을 치르는 방식이지만 실전은 어느 순간 어느 때를 가리지 않고 위험이 찾아올 수 있다.

태권도 실전 품새풀이 동작들을 풀이해서 다양한 공격과 방어 사용방법 등을 국기원의 기술 체계에 맞춰 수련생들이 배울 수 있도록 했다.

Learning the Taekwondo actual fight poomsae application will help develop the sense of distance and timing. It also provides training systems that contain actual fight techniques which trainees in the whole world can use in their training.

There is a limitation when proving practicality of Taekwondo through Gyeorugi. While Gyeorugi matches have rules and regulations, dangerous situations can happen at anytime in real life.

This book expounds upon the actual fight poomsae application; trainees may practice defense and offense techniques that are provided in the courses.

4. 품새풀이를 배우기 전 맞추어 기본 공, 방법 익히기
Machuo Gyeorugi before the poomsae application

품새풀이를 위한 맞추어 기본 공, 방법의 기본 기법 3요소(구성,원리, 핵심요소)

품새풀이를 잘하기 위해서는 기본적으로 익혀야 하는 기법과 이론들이 있다. 상대와의 거리를 이해해야 하고 순간도 잘 포착해내야 하고 힘을 강하게 때로는 부드럽게 사용하는 방법도 알아야 한다.

만일 이러한 학습체계를 무시하고 바로 겨루기나 호신술로 들어간다면 많은 부상과 위험 그리고 결정적으로 태권도의 기법을 체계적으로 익히지 못하기 때문에 태권도를 수련하는 과정이 길어지고 능률도 오르지 않을 것이다.

Three basic elements of defense and offense techniques for the poomsae application(organization, principle, core elements)

There are basic techniques and theories that trainees should learn before going into the poomsae application. Trainees should understand the distance from their opponents, how to move at the right timing and when and how to use power. If trainees skip these basics and head right into Gyeorugi and self-defense, it will not only lower the efficacy of learning, but they also will be at risk of injuries.

그래서 필요한 것이 맞추어 겨루기다.

태권도 가치의 재발견에서 이경명 씨는 이렇게 말했다. 맞춰 겨루기는 두 수련자 간의 공, 방 형식이 사전 정형화되어 있다. 맞춰 겨루기는 기본동작과 품새에서 익힌 동작 즉 공방 기술을 일정한 형식에 따라 숙달하는 것이다고 했다. 최영렬(1990) 교수도 겨루기는 기본자세와 품새를 토대를 두어 상대방과 공방의 기술을 수련한다고 했다.

이렇게 실전에서의 몸놀림을 원활하게 수행하기 위해선 태권도의 기본동작과 품새를 배우고 익히는 것은 물론이고 그와 함께 겨루기만이 가지고 있는 기술 체계와 방법을 수련하고 적용할 수 있어야 한다.

품새를 잘하면 겨루기를 잘할 수 있다! 라는 공식이 성립되려면 품새와 겨루기 사이에 중간 과정인 수련법이 있어야 한다. 품새와 겨루기를 연결해주는 교육과정은 실전적이지만 운동적 요소와 건강적 요소도 있어야 하고 경기적인 측면도 매우 중요하다. 이 모든 것을 충족할 수 있는 중간 과정의 겨루기 학습체계가 바로

맞추어 기본 공, 방법 1, 2, 3단계다.

맞추어 기본 공, 방법 1, 2, 3단계는 품새에서 나오는 공방의 여러 동작을 혼자가 아닌 파트너와 함께 익히는 과정이다. 이 수련을 통해서 다양한 것을 배울 수 있다. 상대와의 거리와 나의 위치, 순간(타이밍), 올바른 중심이동을 통한 힘과 속도 등 실전에서 일어날 수 있는 다양한 과정들을 익힐 수 있다. 또한, 겨루기에서 나타날 수 있는 두려움과 긴장감, 실전의 상황을 이해하기 위한 주변 환경 등을 체계적인 기법들로 나열하여 실전에 대비하는 것이다.

특히 품새에서 배웠던 공방의 기법을 실전 상황에 맞춰 연습하는 과정은 태권도인들에게 매우 중요하다. 만약 이 과정이 없다면 우리는 상대와의 격전에 대비하려는 방법을 터득하는 데 오랜 시간이 걸릴 수도 있고 태권도가 어쩌면 실전에서는 전혀 힘을 쓰지 못하는 무예로 남을 수도 있을 것이다.

맞추어 기본 공, 방법 1, 2, 3단계를 숙달하고 배우기 위해서는 일정한 공식으로 이루어진 학습체계와 교육과정이 필요하다. 그래서 유급자 품새에서 주로 나오는 동작을 근거로 공격과 방어법, 쉬운 동작부터 어려운 동작까지 체계적으로 나누어 놓았다. 주먹을 쥐고 막는 동

작부터 손을 펴서 막는 동작도 맞추어 기본 공, 방법 1, 2, 3단계에서 배울 수 있도록 했다.

This is why we need Machuo Gyeorugi.

'In Rediscovering value of Taekwond', Lee Gyeong Myeong says 'In Machuo Gyeorugi, the offense and defense movements are pre-arranged between two trainees. Machouo Gyeorugi exists to help practice movements and techniques from the poomsae under a certain format.' Dr. Choi Yeongryeol(1990) also said 'Through Machuo Gyeorugi, two trainees may practice the offense and defense techniques, which came from the basic movements and poomsaes.

In order to move our body more freely in actual fights, it is necessary to practice the basic movements, poomsaes and the technical system of Gyeorugi.

'Performing poomsaes well helps executing Gyeorugi well' In order to make this a valid statement, there should be an in-between training method that links the poomsae with Gyeorugi. This training method should not only be practical, but should also include qualities of athletics, finesses, and sports games; the training method that meets these requirements are the

Machuo Gyeorugi basic defense and offense level 1,2, and 3.

Machuo Gyeorugi is a process through which one can practice the offense and defense movements of the poomsae with a partner. One learns various things through this training; distance from the opponents, one's location, timing, balance shifting, power and speed control and etc. It also helps trainees understand and be prepared from situations of high tension that they may face in real life with fear.

It is very important for us Taekwondo trainees to apply the offense and defense techniques of poomsae in real life situations.Without this process, Taekwondo may become a martial art that is useless in actual fights.

A certain formulated training system and courses are needed to practice Machuo Gyeorugi; this book provides them. The training courses are mainly constructed with Kup-grade movements and divided by level of difficulty and field. Forming Jumeok to Sonmakgi can be also learned through these courses.

포인트 POINT

1. 태권도의 본질은 뭐라고 했는지 살펴본다!
"실전이다. 국기원에서 정의했다."

2. 태권도의 몸놀림을 읽어 보았는가?
"태권도의 힘이 생기는 곳이 곧 운영체계인데 그곳이 몸통" (허리다)

3. 국기원 공인품새 태극품새, 유단자품새 품새풀이 실기 해제
"공인품새를 처음으로 동작을 분해해서 학습할 수 있도록 구성"

1. Review the essence of Taekwondo!
"It is the actual fight. It is defined by Kukkiwon."

2. Review the ways of making movements.
"The power of Taekwondo comes out from the center of the body: the trunk(waist)

3. The world first practical application of Kukkiwon poomsae
"The book consists of detailed explanations of each poomsae movement"

5. 품새풀이의 핵심 3요소
Three major elements of the Poomsae application

품새풀이의 핵심 구성요소가 있다. 그것이 바로 "거리(딛기)", "순간(타이밍)"힘과 속도이다.

Three elements of the poomsae application; they are distance, timing, and powerandspeed.

품새풀이의 핵심 구성 3요소 Three major elements of the poomsae application		
1	2	3
거리 Distance	순간(집중) Timing(Focus)	힘과 속도 Speed and power
상대와의 거리, 공방의 거리 마음의 거리(평정심) Distance from the opponent, distance between offense and defense, distance of mind(Tranqulity)	타격의 순간(집중, 타이밍) moment of strike (Timing, Focus)	중심이동, 균형적 속도 Shifting balance, Regular speed

1) 거리
Distance

① 상대와의 거리(움직임에 따른 거리)

Distance from the opponent(distant depends on movements)

상대와의 거리는 몸을 단순히 움직여 거리를 두는 것을 의미하는 것이 아니다. 내가 상대방보다 얼마나 유리한 위치에 있는지 상대가 움직이고 있을 때 상대를 제압할 수 있는 위치에 있는지이다.

상대의 움직임 즉 딛기(보법)에 따라 나의 딛기도 달라진다. 딛기는 항상 안정적이고 상대에 따라 나의 딛기도 변화무쌍해야 한다. 그만큼 실전에서나 경기 겨루기의 승패는 딛기를 통한 거리(보법)을 어떻게 조절하느냐에 따라서 달라진다.

키가 큰 사람과의 거리가 다르고 키가 작은 사람과의 거리가 다른데 키가 큰 상대는 거리가 좁을수록 유리하며 키가 작은 상대는 거리는 멀수록 유리하다. 이처럼 적절한 거리 조절은 상대와의 격전 상황에서 유리한 고지를 점령할 수 있으며 어쩌면 상대의 거리를 빼앗는 싸움이야말로 상대를 제압시킬 수 있는 중요한 포인트가 될 것이다.

To keep one's distance from the opponent doesn't mean staying away from the opponent; it is to place oneself from the opponent at the best location that will work to one's advantage and allow one's body to move in the best possible way.

Depending on the opponent's movement and step(ditgi), defender's steps change. Steps should always be stable and at the same time changeable depending on the opponent's steps. The result of actual fights or Gyeorugis heavily depends on steps.

The distance from a tall person and a short person should be different; it is preferable to get closer to a tall person and to keep distance from a short person. Controlling the distance and taking the opponent's distance in actual fights are the important points that will help one to take more advantageous position against the opponent.

(자세는 오른발이 뒤에 있는 것을 기본으로 한다)

단 계	동 작
1단계	앞발 내딛기
2단계	뒷발 물러딛기
3단계	앞발 왼 옆 딛기
4단계	뒷발 오른 옆 딛기
5단계	발 바꿔 딛기 (발 바꾸기)
6단계	뒷발 앞 돌아 딛기
7단계	뒷발 뒤 돌아 딛기

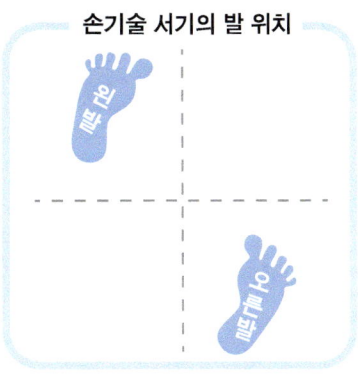

손기술 서기의 발 위치

(basic position: left leg front, right leg behind)

Level 1 Apbal nae ditgi (Front Foot Forward Step)

Level 2 Dwitbal mulleo ditgi (Rear Foot Backward Step)

Level 3 apbal wen yop ditgi (front foot left side step)

Level 4 Dwitbal oreun yop ditgi (rear foot right side step)

Level 5 Bal bakuki (switching)

Level 6 Dwiro dora ditgi (Back turn step)

Level 7 apero dora ditgi (front turn step)

1단계 앞발 내딛기 Apbal nae ditgi (Front Foot Forward Step)

2단계 뒷발 물러딛기 Dwitbal mulleo ditgi (Rear Foot Backward Step)

3단계 앞발 왼 옆딛기 Apbal wen yop ditgi (front foot left side step)

4단계 뒷발 오른 옆딛기 Dwitbal oreun yop ditgi (rear foot right side step)

5단계 발바꿔 딛기 Bal bakuki (switching)

준비　①　②

②정면　③　④

6단계 뒷발 앞 돌아 딛기 Dwiro dora ditgi (Back turn step)

II. 품새풀이를 배우는 진정한 목적 The real purpose of learning the poomsae application

7단계 뒷발 뒤 돌아 딛기 Apero dora ditgi (front turn step)

② 공방의 거리(속도에 따른 거리)
Defense and offense distance (distance depends on speed)

공방의 거리는 공격할 때의 적절한 거리와 방어할 때의 속도에 따른 거리다. 공격 거리는 속도의 완급과도 밀접한 관계가 있는데 상대가 빠르게 공격을 해오면 나 또한 빠르게 피할 수 있는 거리를 확보하고 상대가 느린 동작으로 움직인다면 마땅히 나도 상대의 딛기(보법)에 어우러져 느린 동작으로 움직일 수 있어야 한다. 이처럼 공방의 거리는 상대의 움직임에 따라서 공격과 방어에 따라서 엄청난 변화가 생긴다.

Defence and offence distances are closely connected with speed control; when the opponent's attack is quick, you should secure a certain distance from the opponent so you can have time to avoid. If the opponent moves slowly you should be able to move slowly as well. The distance between you and your opponent is largely influenced by the offence and defence movements of the opponent as well as yours.

③ 마음의 거리
Mind distance

상대와의 거리, 공방의 거리를 수련을 통해 수없이 익혔다고 해도 마음의 평정심을 찾지 못하고 긴장하게 된다면 성급한 판단을 내릴 수 있다. 그래서 편안한 상태를 유지하는 나 자신과의 거리를 말한다.

마음이 급할 때의 거리 조절은 성급할 수밖에 없고 상대를 얕잡아 보는 마음은 상대에게 허를 찌르게 하는 거리를 줄 수도 있다. 아무리 상대와의 거리를 확보하고 공방의 거리를 계산해 두었다 하더라도 마음의 평정심을 찾지 못하면 상대에게 거리를 빼앗길 수 있다.

따라서 태권도에서 마음의 거리는 단전에서의 깊은 호흡 등을 통해 안정된 마음을 유지하는 것과 상대와 격전을 펼치기 전에 확보해야 할 편안한 마음, 안정된 마음가짐 등을 말하는 것이다.

Even after you have found the right distance between you and your opponents, if you are not with equanimity you may make hasty judgments. The mind distance is the distance between you and yourself with equanimity.

If you are in rush, your distance judgments will be made hastily; this will eventually expose your weak points to your opponents. Therefore, the mind distance in Taekwondo is to secure tranquility before the actual fight.

2) 순간(집중), 타격의 순간(집중), 방어의 찰나(강, 약)
Timing(Focus), The moment of strike(Focus) and defense(Control)

내가 상대의 급소를 향해 공격하는 동작은 마지막 끝점에서 힘이 집중되어야 강한 힘을 발휘할 수 있는데 이렇게 타격의 접점이 되는 곳이 "순간"(힘의 집중)이다.

상대가 공격해 들어오는 무기나 주먹, 발차기 등 다양한 공격이 빠르게 들어올 때 방어하는 사람의 뇌에서 인식하고 판단하기 전 자신도 모르는 사이에 순간적으로 막아내거나 몸을 움츠리거나 받아내게 되는데 이때 근육은 수축하게 되면서 힘이 집중하게 된다.

이렇게 다양하게 공격해 오는 많은 동작의 접점에서 힘을 집중하는 것을 즉 "순간"(타이밍)이라고 한다. 맞아떨어지는 접점의 "순간"이 짧을수록 상대를 제압하는 기술과 힘의 집중이 잘되고 있는 것이라 할 수 있다. "순간(집중)"은 힘을 쓰는 "순간"을 잘 파악해야 졸력(拙力)-(불필요한 힘)을 최소화고 최대한의 힘을 사용할 수 있는 집중력이 생긴다.

The 'Timing,' we mentioned here, means concentrating the power at the 'moment.' 'When attacking the opponent's vitals one should concentrate the power to the last tip point in order to exert stronger power; this point of contact is the Timing(focus).

When the opponent attacks with weapons, punches, kicks and etc, the person in defense automatically shrugs the body and receives the attacks; while defending, the muscles contracts and the power focuses.

Focusing the power while receiving various attacks is called "the moment"(Timing). The shorter the point of contact is the better concentration of power and techniques when dominating the opponent. Knowing the right "Timing"(focus), allows one to save one from unnecessary power uses and exert the most amount of power at a moment.

3) 힘과 속도
Power and speed

힘과 속도는 두 가지로 나눌 수 있는데 그것이 강, 유(剛柔)와 완, 급이다.
Power and speed can be divided into two, respectively: Power: strong and soft(剛柔) / Speed: slow and fast

① 힘-강(剛)
Power-Kang(剛)

태권도에서 말하는 힘-강(剛)은 무조건 힘이 강하다고 해서 강(剛)이 아니다. 무조건 부드럽다고 해서 유(柔)가 아니다. 태권도의 강, 유(剛柔)는 사전적 의미인 굳셈과 부드러움만을 표현하는 것이 아니고 품새를 통해 익힌 다양한 힘의 변화를 의미한다. 강함 속에 부드러움이 있고 부드러움 속에 넘치는 강함이 존재하며 강함과 부드러움이 동시에 존재하기도 한다.

　예를 들어 몸통지르기할 경우는 강력한 강(剛)에 속하는데 그렇다면 처음부터 끝나는 점까지 몸에 힘을 강하게 써서 사용하는 것일까? 그것이 아니라 시작되는 시작점 옆구리에서의 주먹은 부드럽게 출발해서 마지막 주먹과 상대의 몸통에 닿는 접점, 회전하는 순간에 힘을 집중시켜 폭발적인 힘을 발휘하는 것이 강(剛)이다.

　강(剛) 속에는 비틀림이 존재한다. 마지막 닿는 접점의 순간에 근육을 비틀어(회전) 강(剛)하면서도 깊이 파고 들어가는 힘을 만들어낼 수 있다. 이 비틀림(회전)은 모든 공, 방에서 동일하게 적용되는 것은 아니지만, 대부분의 품새나 겨루기 등 태권도 전반의 몸놀림에 힘을 집중시킬 때 나타난다.

　이러한 비틀림은 중국의 무술계에서도 사용되는데 그 명칭을 "전사"라 하며 이 "전사"에 기가 실리면 "전사경"이라고 하는데 몸의 안쪽방향으로 움직이는 회전 동작을 "순전사"라 하며 이와 반대로 몸의 바깥쪽 방향으로 움직이는 회전 동작을 "역전사"라 한다. 이처럼 중국에서는 "전사경"이라 불리고 우리 한국에서는 태권도 비틀림이라는 명칭으로 사용되고 있으며 강(剛)을 더욱 강하고 다시 부드럽게 만드는 역할을 하는 것이 비틀림(회전)이다.

The Kang 剛(strong) in Taekwondo doesn't only mean a large amount of strength; the soft doesn't just mean flexibility; the strong and the soft represents power dynamics that are learned through practicing poomsaes. Within strength, there is flexibility; within flexibility, there is strength. For instance, even though Momtong-Jireugi belongs to the strong, it should be started as the soft at the starting point, the side of the torso; when Jumeok reaches to the point of contact as it truns, one should concentrate the power in Jumeok and exerts the force; this whole precess is the strong(剛).

The strong also include 'twist.' By twisting the muscles (turn) at the last moment of contact, one is able to exert the force that goes deep into the opponent's body. This twist happens when a form requires concentration of power within poomsaes and gyeorugis.

This kind of twist also happens in Chinese martial arts; it is called chánsī(缠丝) and whenqi(氣) is added to chánsī it is called Chán sī gōng(缠丝功); turning inward is called Li chan si, and turning outward is called Wai chan si. This principle is also used in Taekwondo as Twist, and it reinforces the strong and again makes the strong soft.

② 힘-유(柔)
Power- soft(柔)

유(柔)는 부드러움을 나타낸다. 동작 속에서 부드러움이 있어야 한다는 뜻이다. 하지만 흐느적거리거나 설렁 설렁대는 것을 말하는 것은 아니다. 민첩한 움직임 속에서도 유(柔), 부드러움이 있어야 하며 공격의 순간에는 유(柔)가 살아 있어야 강(剛)이 돋보이는 것이다. 유(柔)는 몸을 부드럽게 풀어주지만 견고함이 있어야 하고 동작이 끊이지 않고 부드럽게 연결되는 것을 말한다.

그러기 위해서는 필연적으로 따라야 하는 것이 연결성이다. 여기서 말하는 연결(連接)은 동작과 동작의 연결성을 말한다. 움직일 때 부자연스럽게 느껴지는 것은 동작이 끊어지기 때문이다. 즉 태권도에서 연결성이란 **동작과 동작의 연결, 품과 품의 연결, 단락과 단락의 연결, 힘과 리듬의 연결, 강, 유의 연결, 속도의 연결, 호흡의 연결, 중심이동의 연결, 동작과 기의 연결, 공격과 회수의 연결**을 말할 수 있다.

동작과 동작의 연결성이 좋으려면 부드러운 몸놀림으로 시작하여 가속도를 붙여 점점 빠르게 동작할 수 있는 유(柔) 즉 부드러움 속에 빠름이 살아있어야 한다.

예를 들어 한 동작을 하는데 이중동작 즉 불필요한 동작은 없애고 끊어지지 말아야 한다. 이것이 유(柔)에 속하는 것이다.

또 그런 연결 속에서 힘의 표현도 구현해 내어야 한다. 태극 5장의 2단락 앞차고 등주먹치고 몸통막기는 손과 발, 호흡을 일치하기 위해 끊어지지 않고 동작을 연결해야 한다.

억지로 사용되는 동작은 강이 아니며 끊어지는 동작은 멈추는 동작을 말한다. 동작을 크게 하겠다고 무리하게 몸을 쓰게 되면 어깨가 움직일 수밖에 없는데 이렇게 어깨가 올라가게 되는 것은 연결성의 숙련도가 부족해서 나오는 것이므로 유(柔)라고 말할 수 없다.

힘의 강, 유(剛柔)는 그냥 표현되는 것이 아니라 평생 수련을 통해 몸이 조금씩 변해가게 되면서 표현되게 된다. 유(柔)에서 강(剛)으로 몸을 쓰게 되면 자연적으로 가속도가 붙게 되어 속도는 빨라지게 된다.

Yu(柔) means the soft; it means that there should be flexibility and softness within movements. However, this doesn't mean to sway or to make movement absentmindedly. Agile movements should also have softness within it, and the softness empowers the strong. While the soft relaxes the body, it still should be solid and should help the movements flow continuously and smoothly.

Continuation is necessary here; there should be a smooth continuation between movements. If movements look unnatural, it is because of the discontinuation between movements. Therefore, the continuation in Taekwondo is the continuation between movements, between forms, between phases, between the power and rhythm, between the strong and the soft, between speeds, between breaths, between shift of balance, of qi, and of attacks and returns.

To achieve the smooth transition, one should begin the movement with softness and gradually accelerate the speed; the speed should exist within the softness. For instance, when making a movement, one should discard movements that are unnecessary and discontinuous; this belongs to the soft.

Within the continuation, the expression of power should also be realized. For instance, Taegeuk 7 Jang second phase, ap-chagi, deungjumeok and momtong-makgi, should flow continuously.

Unnaturally forced movements are not the strong, and discontinuous movements are stopping movements. The shoulders will move if one tries to put force to make a movement in an unnatural way; since this is due to lack of training in continuous movements, it is not the soft(柔)

The strong and the soft do not happen overnight. They require lifetime training for your body to learn and express. If you move your body from the soft to the strong, the movement will be naturally accelerated and the speed of the movement will increase.

③ 속도-완(緩), 급(急)
Speed-slow(緩) and fast(急)

완(緩) Wan(緩)

완(緩)은 느림을 이야기한다. 하지만 무술에서의 완(緩)이라 하면 우리의 몸을 여유 있게 하는 것이요. 리듬을 타는 것도 완(緩)이라고 말할 수 있다. 예를 들어 십진 품새의 바위밀기는 느리게 하는 동작이지만 그 동작의 실제 의미는 강한 타격력과 미는 것에 있다. 손바닥으로 미는 힘은 강하게 힘을 주어야 하며 밀고 난 후 다음 동작을 위해서 양손을 뒤로 빼는 순간 몸을 풀어주며 부드러움으로 몸을 써야 하는데 뒤로 빼는(유-柔) 속도는 느린 것이 아니라 완(여유)이 되어야 한다.

너무 느려서도 빨라서도 안 된다. 몸통의 움직임(운영 체계)이 완만한 속도로 가볍게 뒤로 빼서 빠르게 막아야 한다. 이것이 완(緩)의 바람직한 동작이다.

Wan(緩) means the slow. However, when the word is used in martial arts, it is to move slowly as well as to move with the rhythm. For instance, while Bawi-milgi

is made with slowness in Sipjin, the actual meaning of the movement is to strike hard and to push. The push should be made with a large amount of force, and the body should be relaxed as you pull the arms back for the next movement. When pulling back the arms, the movement should not be laggardly, but should be made with wan(緩)

급(急) Kep (急)

급(急) 또한 무조건 빠르기만 해서는 안 된다. 예를 들어 몸통지르기에서 타격 접점으로 가는 과정이 강하기도 하지만, 급(急), 빠르기도 있어야 한다. 또한, 마지막 회전의 순간에 최대의 급이 나와야 한다.

느린 동작에서도 급(急)이 있는데 학다리 서기 금강막기가 대표적인 동작이다. 이 동작은 힘을 주어 서서히 행한다. (국기원 교본 국기원 2009) 느린 동작을 하지만 온몸에 힘을 주어 강을 표현했고 힘을 준 상태에서 서서히 행하는 것은 유(柔), 완(緩)의 동작이 아니고 온몸에 힘을 주며 급(急)을 수행하는 동작이다.

이러한 몸놀림이 태권도에서 말하는 진정한 힘과 속도이다. 이 기본적인 기법을 수련을 통해 터득하게 되면 강(强)에서 강(强), 유(柔)에서 유(柔), 완(緩)에서 완(緩), 급(急)에서 급(急), 완(緩)에서 유(柔), 급(急)에서 강(剛) 등 다양한 힘의 변화를 느끼고 쓸 수 있으며 우리가 몸을 쓰는 기법을 터득하는 것이다. 이러한 몸놀림은 수많은 반복과 수련을 통해서만 얻을 수 있다.

이처럼 품새풀이의 구성 3요소는 "거리(딛기)", "순간(타이밍)", "힘과 속도(강, 유, 완, 급)"는 비단 우리 태권도에서만 강조되는 것은 아니다. 하지만 위에서 제시한 뜻은 완전히 다르며 이것을 이해에 나가는 것이 곧 태권도의 수련인 것이다.

태권도의 정신, 철학, 실전은 오로지 수련에 의해서만 이룰 수 있는 경지이며 이러한 핵심 3요소는 학문적 근거나 이론으로는 설명되지 않는 부분도 많다.

우리는 이런 수련을 통해 초인적인 힘을 자유롭게 사용할 수 있는 것을 목표로 하며 이것은 엄격한 나의 수련(修炼)에서만이 이룰 수 있다고 본다.

Kep(急) should be more than just fastness. For instance, when delivering a momtong-jireugi, the course of reaching the point of contact should be fast and strong at the same time, and at the very last moment of twist, Kep should reach its maximum speed.

There is Kep in slow movements; Hakdari-seogi(Crane Stance), Geumgangmakgi These movements should be made steadily with firmness. (Kukkiwon Taekwondo Textbook. Kukkiwon2009) Movements that are executed gradually with firmness is the Kep, and not Yu or Wan.

These movements are the real power and speed in Taekwondo. Through training, the power and speed transitions, Kang to Kang, Yu to Yu, Wan to Wan, Kep to Kep, Wan to Yu, Kep to Kang and etc, will be experienced, and we will gradually acquire the techniques for the body movements; this will only be achieved through repeated practice and training.

The three elements of Poomsae Application are the "Distance(Ditgi)", "Timing(focus)", "Power and speed(Kang, Yu, Wan, Kep)". While these elements are emphasized in other areas, the meaning of each word is very different in Taekwondo; understanding the difference is Taekwondo training.

Taekwondo's spirit, philosophy, and actual practice are only achieved through training, and there are some parts from the three elements that are inexplicable and don't have scholastic bases.

Our goal is to acquire extraordinary power through training and to use it freely; we believe this power can be only gained through strict self-training.

6. 맞추어 기본 공, 방법 1, 2, 3단계의 이해
Machuo Gyeorugi basic step 1: Jumeok(fist)

국기원 교본에 반복된 품새 훈련을 계속하면 균형, 집중, 협동, 적절한 호흡조절, 자기 훈련을 얻을 수 있다고 되어 있다. (태권도 기술개발 결과보고서 국기원 2009) 품새를 무수히 반복함으로써 수련생들은 각 품새가 가진 몸놀림을 이해에 할 수 있다는 해석이다.

"품새를 수련하는 것은 무한한 반복으로 그 속에서 얻을 수 있는 무술적 몸놀림의 기초를 익히고 품새 속의 존재하는 많은 공방의 기법, 실전의 형태를 간접적으로 체험하고 반복의 수련을 통해 얻은 인내와 참을성 등을 통해 심신수양(心身修養)의 결과를 얻게 된다."

태권도의 품새의 경우 좌, 우 대칭을 염두에 두고 기술 체계를 만들어 놓았다.

몸의 중심선을 잘 이해하고 균등하게 사용한다는 뜻이기도 하다. 하지만 이족보행(二足步行)을 하는 인간은 항상 몸의 중심선을 무너뜨리며 걸어가기 때문에 끊임없이 중심을 바로잡기 위해 노력한다.

초보자가 품새의 동작을 익히는 데 한계가 있다. 위에서도 이야기했지만, 상대와의 거리도 계산해야 하고 상대의 힘을 이용하는 방법도 알아야 하는 복잡한 관계가 있기 때문이다. 이런 기본적인 기법 체계를 더 쉽게 익힐 수 있도록 구성된 것이 바로 **"맞추어 기본 공, 방법 1, 2, 3단계"** 이다.

또 국기원 교본에 나와 있는 기본기에 충실했다면 손기술은 쉽게 배울 수 있다. 태권도의 기본 동작 중 손으로 막는 동작과 기술이 82개의 동작(특수막기 포함)으로 이루어져 있고 발동작의 막는 동작과 기술이 8개 밖에 나와 있지 않다. 손기술의 사용빈도 수가 그만큼 많다는 이야기다. (KTA 태권도실전손기술 2013)

이처럼 **맞추어 기본 공, 방법 1, 2, 3단계**는 기본동작을 지도자의 지도에 따라 허공에 수련을 하다 이제 몸동작이 어느 정도 익숙해지면 상대와 함께 수련하는 기술 체계의 단계를 말한다. 혼자서 수련하던 막기를 상대와 함께 수련을 하는 것을 말하며 태극품새에서 사용하는 막기 중 가장 많이 사용하는 동작을 모아서 일정한 패턴으로 상대와 수련하는 방법으로 되어 있다.

그래서 **맞추어 기본 공, 방법 1, 2, 3단계**는 주로 손기술로 이루어져 있는데 기본동작을 혼자서 수련하는 단계였다면 이 공, 방법은 상대와 함께 수련하며 일정한 공방을 통해 막아내는 법, 공격하는 법의 기초 원리를 익힐 수 있도록 제시하였다.

맞추어 기본 공, 방법 1, 2, 3단계는 손기술로 되어 있으므로 팔쓰기의 사용을 분류하였다. 손기술로 막아내는 기법을 좀 더 자세히 들여다보면 아래의 표와 같다.

Through repeated poomsae training, trainees will acquire qualities such as balance, focus, collaboration, regular breathing control, and self-discipline. (Taekwondo technique development report. Kukkiwon 2009) In other words, trainees will understand the movements of poomsae through repeated poomsae practices.

"**To practice the poomsae is to repeat; through this, trainees will understand the basic movements of martial arts, experience various ways of defense and offense and practical forms; training poomsae will also teach trainees patience, resulting improvements of both physical and mental health of trainees.**"

Taekwondo poomsaes are based on the bilateral symmetry technical system; it is to understand the center of the body and to use it equally. Since we humans, biped walking beings, walk as we continuously lose the center line of the body, we always try to find the balance.

There is a limitation for beginners to learn poomsae movements without any training system. As said above, there are complex relationships that they should understand: how to calculate the right distance, how to use the force of the opponent, etc. The training system that is constructed to guide the trainees to learn the basic technical system is the "Machuo Gyeorugi basic 1, 2, 3 steps."

If one faithfully practiced the basics written in the Kukkiwon textbook, it is not hard to learn the hand techniques. The basic movements of Taekwondo have 82 hand defense techniques (including special defenses). Comparing to 8 foot defense techniques, there are far more occasions of using hand defense.(KTA Taekwondo practical hand techniques 2013)

Machuo Gyeorugi basic 1,2,3 steps are mostly composed of hand techniques. The system helps trainees understand the basic principles of offense and defense through practicing formulated offense and defense movements with a partner. The hand techniques are categorized by the arm usages.

팔 쓰기의 분류 Classification of arm usages

① 직선 Straight
② 회전 Turn
③ 안에서 밖으로 outward
④ 밖에서 안으로 inward
⑤ 아래에서 위로 upward
⑥ 위에서 아래로 downward

① 직선(예: 몸통지르기 대표적인 직선의 팔쓰기) Straight(ex: momton-gjireugi)

② 회전(예: 태백의 걷어 막기 회전) Turn(ex: Geodeo-makgi from Taebaek)

③ 안에서 밖으로(예: 몸통바깥막기) Outward(ex: Momtong-bakkat-makgi)

④ 밖에서 안으로(예: 몸통막기) Inward(ex: Momtong-makgi)

⑤ 아래에서 위로(예: 끌어올리기-십진) upward(ex: Kkeureo-olligi-Sipjin)

⑤ 위에서 아래로(예: 끌어올리기-십진) upward(ex: Kkeureo-olligi-Sipjin)

우리의 팔은 이렇게 6가지의 방향으로 막고 치고 걷어내는 것을 할 수가 있는데

유형별 팔 쓰기를 토대로 거리도 익히고 순간(타이밍)도 감각적으로 알아내고 힘을 이용할 수 있는 기본적인 방법을 배울 수 있다.

맞추어 기본 공, 방법 1, 2단계는 지르기, 치기, 차기 등의 공격이 날아올 때 올바르게 막는 방향을 터득하게 되고 숙련되면 이동도 가능하고 이 동작을 통해 많은 응용동작도 만들어낼 수 있다.

As presented here, we are able to see the six arm usages of makgi, chigi and geodeonegi. Based on these arm usages, trainees can practice basic techniques to control the distance, timing and ways to use power.

Machuo Gyeorugi basic 1, 2 will help trainees learn how to defend when receiving attacks like jireugi, chigi, chagi, etc, and when became adept, trainees will be able to create other applications of the movements.

7. 맞추어 기본 공, 방법 1단계(주먹)
Machuo Gyeorugi basic step 1: Jumeok(fist)

맞추어 기본 공, 방법 1단계(주먹)		
명칭 \ 수행자	공격자	방어자
기법	①아래지르기→②아래지르기→ ③몸통지르기→④몸통지르기→ ⑤몸통지르기→⑥몸통지르기→ ⑦얼굴지르기→⑧얼굴지르기→ ⑨몸통지르기→⑩몸통지르기→ ⑪앞차기→⑫앞차기→ ⑬아래막기→⑭아래막기	①아래지르기→②아래지르기→ ③안팔목바깥막기→④안팔목바깥막기→ ⑤몸통막기→⑥얼굴막기→ ⑦얼굴막기→⑧얼굴막기→ ⑨몸통바깥막기→⑩몸통바깥막기→ ⑪아래막기→⑫아래막기→ ⑬앞차기→⑭앞차기

Machuo Gyeorugi basic step 1: Jumeok(fist)		
Name \ Trainees	Offense	Defense
Technique	①naeryeo(area)-jireugi→ ②naeryeo(area)-jireugi→ ③momtong-jireugi→ ④momtong-jireugi→ ⑤momtong-jireugi→ ⑥momtong-jireugi→ ⑦ollyeo(eolgul)-jireugi→ ⑧ollyeo(eolgul)-jireugi→ ⑨momtong-jireugi→ ⑩momtong-jireugi→ ⑪ap-chagi→⑫ap-chagi→ ⑬naeryeo(area)-makgi→ ⑭naeryeo(area)-makgi	①naeryeo(area)-jireugi→ ②naeryeo(area)-jireugi→ ③anpalmok-bakkat-makgi→ ④anpalmok-bakkat-makgi→ ⑤momtong-makgi→ ⑥momtong-makgi→ ⑦ollyeo(eolgul)-makgi→ ⑧ollyeo(eolgul)-makgi→ ⑨momtong-makgi→ ⑩momtong-makgi→ ⑪naeryeo(area)-makgi→ ⑫aeryeo(area)-makgi→ ⑬ap-chagi→⑭ap-chagi

공격자와 방어자가 마주보고 주춤서기로 선다. 주먹을 뻗어 맞추어 기본 방어법 1단계를 할 수 있는 적당한 거리로 선다.

수비자는 공격자가 지르는 주먹의 거리와 순간, 속도를 정확하게 계산해 낸 다음 수비자의 막기 순서대로 공격자의 주먹지르기를 막아낸다. 맞추어 기본 공, 방어법 1단계는 명칭의 뜻 그대로 맞추는 과정이기 때문에 상대가 지르기를 수행하는 동안 지르기의 거리는 얼마나 되고 얼마나 빠른지 등을 알 수 있고 실전에서 일어날 수 있는 다양한 동작들을 간접적으로 체험할 수 있다.

An offender and a defender stand facing each other. The appropriate distance between the two is about the length of an arm. The defender should gauge the right distance, timing and speed and make defending movements in order as the offender attacks. Machuo Gyeorugi is a training that helps trainees match and adjust the distance and speed and experience the movements that trainees may face in the actual fights.

맞추어 기본 공, 방법 1단계: 주먹
Machuo Gyeorugi basic step 1: Jumeok

1. 공격자와 방어자가 마주보고 주춤서기로 선 상태에서 오른손 아래막기
The offender and the defender face each other. Juchum-seogi, oreun(right) naeryeo-makgi

2. 왼손 아래막기
wen(left) naeryeo-makgi

3. 왼손 안팔목 바깥막기
wen(left) anpalmok bakkat-makgi

4. 오른손 안팔목 바깥막기
oreun(right) anpalmok bakkat-makgi

5. 왼손 몸통막기
wen(left) momtong-makgi

II. 품새풀이를 배우는 진정한 목적 The real purpose of learning the poomsae application

맞추어 기본 공, 방법 1단계: 주먹
Machuo Gyeorugi basic step 1: Jumeok

6. 오른 몸통막기
oreun-momtong-makgi

7. 왼 얼굴막기
wen-ollyeo(eolgul)-makgi

8. 오른 얼굴막기
oreun-ollyeo(eolgul)-makgi

9. 왼 바깥막기
wen-bakkat-makgi

10. 오른 바깥막기
oreun-bakkat-makgi

11. 상대가 왼 앞차기 할 때 왼 아래막기
offender: wen ap-chagi, Defender: wen naeryeo-makgi

맞추어 기본 공, 방법 1단계: 주먹
Machuo Gyeorugi basic step 1: Jumeok

12. 상대가 오른 앞차기 할 때 오른 아래막기
Offender: oreun ap-chagi
Defender: oreun naeryeo-makgi

13. 방어자가 왼 앞차기(공격)
Defender: wen ap-chagi(attack the offender)

14. 방어자가 오른 앞차기(공격)
Defender: oreun ap-chagi(attack the offender)

바로-끝
Baro-the end

II. 품새풀이를 배우는 진정한 목적 The real purpose of learning the poomsae application

8. 맞추어 기본 공, 방법 2단계(손날)
Machuo Gyeorugi basic step 2: Knife Hand(sonnal)

맞추어 기본 공, 방법 2단계(손날)		
수행자 명칭	방어자	공격자
기법	①아래지르기→②아래지르기→ ③몸통지르기→④몸통지르기→ ⑤몸통지르기→⑥몸통지르기→ ⑦얼굴지르기→⑧얼굴지르기→ ⑨몸통지르기→⑩몸통지르기→ ⑪몸통지르기→⑫몸통지르기→ ⑬몸통지르기→⑭몸통지르기→ ⑮손날막기→⑯손날막기→ ⑰앞차기(방어자)→⑱앞차기(방어자)	①손날아래막기→②손날아래막기→ ③손날등 막기→④손날등 막기→ ⑤한손날 몸통막기→⑥한손날 몸통막기→ ⑦손날얼굴막기→⑧손날얼굴막기→ ⑨오른 바탕손 눌러막기→⑩왼 바탕손 눌러막기→ ⑪왼 손날 바깥막기→⑫오른 손날 바깥막기→ ⑬왼 바탕손 막기→⑭오른 바탕손 막기→ ⑮오른 손날 아래막기→⑯왼 손날 아래막기→ ⑰방어자가 오른 앞차기(공격)→ ⑱방어자가 왼 앞차기(공격)

Machuo Gyeorugi basic step 2(sonnal)		
Trainees Name	Defense	Offense
Technique	①naeryeo(area)-jireugi→ ②naeryeo(area)-jireugi→ ③momtong-jireugi→④momtong-jireugi→ ⑤momtong-jireugi→⑥momtong-jireugi→ ⑦ollyeo-jireugi→⑧ollyeo-jireugi→ ⑨momtong-jireugi→⑩momtong-jireugi→ ⑪momtong-jireugi→⑫momtong-jireugi→ ⑬momtong-jireugi→⑭momtong-jireugi→ ⑮ap-chagi→⑯ap-chagi→ ⑰ap-chagi(defender)→⑱ap-chagi(defender)	①sonnal-naeryeo-makgi → ②sonnal-naeryeo-makgi→ ③sonnaldeung-makgi→ ④sonnaldeung-makgi→ ⑤hansonnal momtong-makgi→ ⑥hansonnal momtong-makgi→ ⑦sonnal-ollyeo-makgi→ ⑧sonnal-ollyeo-makgi→ ⑨oreun batangson nulleomakgi→ ⑩wen batangson nulleomakgi→ ⑪wen sonnal bakkat makgi→ ⑫oreun-sonnal bakkat makgi→ ⑬wen batangson-makgi→ ⑭oreun batangson-makgi→ ⑮oreun sonnal naeryeo-makgi→ ⑯wen sonnal naeryeo-makgi→ ⑰(defender)oreun ap-chagi(attack)→ ⑱(defender)wen ap-chagi(attack)

맞추어 기본 공, 방법 2단계(손날)는 손을 펴서(손날) 막아내는 기술들이 들어있다. 주먹을 쥐고 막아내는 기법이 손을 펴서 막아내는 기법보다 훨씬 강한 힘을 낼 수 있고 부상도 적은 편이다. (표-국기원 교본 무예겨루기 편 보고서 2013)

그런데 왜! 굳이 손을 펴서 막아내려는 동작들이 품새 속에 들어 있을까? 그것은 지르기나 치기뿐 아니라 상대를 잡아내려는 의도가 그 속에 숨어 있다. 손을 펴서 상대를 잡고 당기고, 밀치고, 넘기기를 할 수 있는 교두보를 마련한 다음 완벽하게 상대를 제압하려는 필살의 기법이 손을 펴는 의도에 숨어 있는 것이다. (표-국기원 교본 무예겨루기 편 보고서 2013)

상대방을 잡아당기거나 밀치며 중심을 무너뜨린 다음, 쓰러뜨리는 기술, 걸어 넘기기, 상대방의 다리를 걸어 넘어뜨리는 기술, 상대방의 팔이나 멱살을 잡아당기거나 가슴이나 어깨 등을 손으로 밀침과 동시에 발목이나 오금 등을 걸어 넘어뜨리는 기술이다. (태권도 기술 용어집 2010 국기원)

Machuo Gyeorugi basic step 2(sonnal) contains knife hand(sonnal) defending techniques. Fist defending techniques are usually more effective and cause fewer injuries than open-hand defending techniques. Then, why do poomsaes have open-hand movements? It is because open-hand works not only as Jireugi and chigi, but also as to grab the opponent; the open-hand allows one to perform various techniques such as grabbing, pushing, and overthrowing which will work as a springboard for other techniques that will dominate the opponent at once (Chart-Kukkiwon textbook martial art sparring report 2013)

Sonnal techniques pull or push the opponent in order to break the balance, and they lead to techniques such as tripping and throwing. One may also pull the opponent's arm or by the collar, or push the shoulders as one trips the opponent by the ankle or the popliteus. (Taekwondo technical terminology 2010 Kukkiwon)

맞추어 기본 공, 방법 2단계: 손날
Machuo Gyeorugi basic step 2: Knife Hand(sonnal)

1. 공격자와 방어자가 마주 보고 주춤서기로 선 상태에서 오른 손날 아래막기
The offender and the defender face each other, juchum-seogi, oreun sonnal naeryeo(area)-makgi

2. 왼 손날 아래막기
wensonnal naeryeo(area)-makgi

3. 왼 손날등 막기
wen sonnaldeung makgi

4. 오른 손날등 막기
oreun sonnaldeung makgi

5. 왼 한손날 몸통막기
wen hansonnal momtong-makgi

맞추어 기본 공, 방법 2단계: 손날
Machuo Gyeorugi basic step 2: Knife Hand(sonnal)

6. 오른 한손날 몸통막기
oreun hansonnal momtong-makgi

7. 왼 손날 얼굴막기
wen sonnal ollyeo(eolgul)-makgi

8. 오른 손날 얼굴막기
oreun sonnal ollyeo(eolgul)-makgi

9. 오른 바탕손 눌러막기
oreun batangson nulleo-makgi

10. 왼 바탕손 눌러막기
wen batangson nulleo-makgi

11. 왼 손날 바깥막기
wen sonnal bakkat-makgi

맞추어 기본 공, 방법 2단계: 손날
Machuo Gyeorugi basic step 2: Knife Hand(sonnal)

12. 오른 손날 바깥막기
oreun sonnal bakkat-makgi

13. 왼 바탕손 막기
wen batangson makgi

14. 오른 바탕손 막기
oreun batangson-makgi

15. 상대가 오른 앞차기 할 때 오른 손날 아래막기
Offender: oreun ap-chagi
Defender: oreun sonnal neryeo(area)-makgi

맞추어 기본 공, 방법 2단계: 손날
Machuo Gyeorugi basic step 2: Knife Hand(sonnal)

16. 상대가 왼 앞차기 할 때 오른 아래막기
Offender: wen ap-chagi
Defender: oreun naeryeo(area)-makgi

17. 방어자가 오른 앞차기(공격)
Defender: oreun ap-chagi(attack)

18. 방어자가 왼 앞차기(공격)
Defender: wen ap-chagi(attack)

바로-끝
baro-the end

II. 품새풀이를 배우는 진정한 목적 The real purpose of learning the poomsae application | 81

※ 손을 펴는 것은? why do we open our hands?

상대방을 들어서 넘어뜨리는 기술, 상대방의 팔이나 다리 등을 잡아 올리며 아래에서 위로 솟구치는 허리의 힘을 이용하여 들어 넘기는 기술이다. (태권도 기술 용어집 2010 국기원)

The technique used to lift the opponent and knock him over. Grab and pull up the opponent's arms or legs and throw over, using the power of the waist which pushes upward. (Taekwondo technical terminology 2010 Kukkiwon)

(손을 펴서 상대를 잡아 들어 넘기를 하고 있다) (open hand→grabbing→throwing over)

9. 맞추어 기본 공, 방법 3단계(손기술 막기)
Machuo Gyeorugi Basic step 3: Son-Makgi(hand defense)

맞추어 기본 공, 방법 1, 2단계를 자유롭게 막아낼 수 있는 몸동작이 된다면 다음 단계인 기본 손기술 막기 12단계(맞추어 기본 공, 방법 3단계라 칭함)를 익히도록 한다. 기본 손기술 막기는 태권도 실전 손기술(KTA 태권도 실전 손기술, 애니빅)의 8단계가 Upgrade 된 단계별 손기술 막기다.

이 막기는 실전에서 사용되는 기술이 포함되어 있고 동작의 난이도 역시 맞추어 기본 공, 방법 1, 2장보다 훨씬 어렵다. 하지만 반복적인 수련을 통해 숙달되면 실전에서 그리고 수련생들을 지도할 때 교육과정으로써 매우 훌륭한 패턴이 될 것이다.

맞추어 기본 공, 방법 1, 2, 3단계를 모두 익히게 되면 태극 1~3장에 나오는 많은 동작을 자연스럽게 익히게 된다.

막연하게 태권도의 기본기를 익혔던 수련자들은 맞추어 기본 공, 방법 1, 2, 3단계의 기본 손기술 지르기를 통해 공격과 방어의 방법을 알아낼 수 있고 공격하는 동작에 내가 어떻게 반응해야 하는지 자연스럽게 습득하게 되고 공격하는 다양한 동작을 어떻게 막아내야 하는지 방향성을 파악하게 되어 올바른 공격 패턴을 익힐 수 있게 된다.

The Machuo Gyeorugi basic step 3 is offered for the trainees who became adept to Macho Gyeorugi 1 and 2. There are 12 levels of basic hand defense techniques which are improved from the previous 8 level of Practical hand techniques of Taekwondo(KTA Practical hand techniques of Taekwondo, Anibig).

The makgis here contain practical techniques that trainees may apply in the actual fight, and the level of these makgis are higher than step 1 and 2. However, if trainees become adept at step 3 through repeated practice, the-makgis will be a great pattern for the actual fight as well as a training course when teaching other trainees.

Practicing Machuo Gyeorugi basic step 1, 2, and 3 will make it easier for trainees to learn Taegeuk 1, 2, and 3 Jang.

Trainees who practices basics without any training system will benefit from the Machuo Gyeorugi Basic step 1, 2 and 3; the steps will inform trainees of basic directions when making defense and offense movement, how to offend and defend with hands, and how to react and receive attacks.

번호	명칭 Name
1번	오른 바탕손 막기 oreun batangson makgi
2번	왼 바탕손 막기 wen batangson makgi
3번	왼 손날 바깥막기 wen sonnal bakkat-makgi
4번	오른 손날 비틀어 막기 oreun sonnal biteureo makgi
5번	오른 바탕손 막고 비틀어 막기 oreun batangson magko biteureo makgi
6번	왼 바탕손 막고 비틀어 막기 wen batangson magko biteureo makgi
7번	오른 팔굽 쳐 막기 oreun palgup cheo makgi
8번	왼 팔굽 쳐 막기 wen palgup cheo makgi
9번	오른 바깥 받아막기* oreun bakkat badamakgi
10번	왼 바깥 받아막기 wen bakkat badamakgi
11번	오른 몸통 받아막기 oreun momtong bada-makgi
12번	왼 몸통 받아막기 wen momtong bada-makgi

※ 받아막기 : 상대방의 기술을 손이나 발로 받으며 충격을 완화하는 기술(태권도기술용어집 국기원)
badamakgi(Absorbing block) : a hand or foot defense technique that reduces the impact of the opponent's attack.

1번: 오른 바탕손 막기 oreun batangson makgi

(교본) 오른 바탕손 막기
(textbook) oreun batangson makgi

응용동작
application

2번: 왼 바탕손 막기 wen batangson makgi

1단계와 손의 위치만 바뀌었다. 팔 동작이나 몸놀림은 1단계와 같다. Use the left hand for the same movement.

(교본) 왼 바탕손 막기
(textbook) wen batangson-makgi

응용동작
application

3번: 왼 손날 바깥막기 wen sonnal bakkat-makgi

(교본) 왼 손날 바깥막기
(textbook) wen sonnal bakkat-makgi

응용동작
application

태극 3장의 한손날 바깥막기를 응용한 손기술 동작이다. 동작을 크게 하지 말고 작고 신속하게 하며 어깨에 힘이 들어가지 않도록 주의한다.

A hand technique based on the hansonnal bakkat-makgi of Taegeuk 3 Jang. The movement is small and quick. Do not put too much power on the shoulder.

태극 6장의 한손날 비틀어 막기를 응용한 막기이다. 품새나 기본동작처럼 큰 동작이 아닌 작고 빠른 동작으로 막는다.

This is a hand technique based on the hansonnal biteureo makgi of Taegeuk 6 Jang. Unlike the movements of the poomsae and basic moves, this application should be done in small and quick motion.

5단계: 오른 바탕손 막고 비틀어 막기 oreun batangson magko biteureo makgi

오른 바탕손 막기로 날아오는 주먹을 1차 방어한 후 반대손은 막아낸 손을 다시 2차로 막아내며 완전히 걷어낸다. 상대의 중심을 무너트리는 유용한 기술이기도 하다.

Defend with the oreun batangson makgi from the jumeok. With opposite hand, skim off the jumeok. This technique is useful when breaking the balance of the opponent.

6단계: 왼 바탕손 막고 비틀어 막기 wen batangson magko biteureo makgi

II. 품새풀이를 배우는 진정한 목적 The real purpose of learning the poomsae application | 87

5단계의 막기와 방법은 같다. 손을 바꿔서 동작하고 상대의 주먹을 끝까지 보는 습관을 기른다.

Switch the hands from the step 5. Develop a habit of looking at the opponent's fist to the end.

팔굽은 공격만이 아니라 방어로써도 매우 효과적이다. 상대가 왼 주먹으로 공격해 들어오는 것을 오른 팔꿈치로 가볍게 쳐낸다. 막아내는 팔꿈치는 반원을 그리며 쳐낸다. 팔꿈치는 유일하게 단련을 하지 않아도 되는 신체 부위 중 하나다.

이 동작을 많이 수련하면 상대의 공격을 가볍게 받아내지만, 상대의 팔은 큰 부상을 입을 수 있다.

A palgup is effective in offense and defense both. Lightly push away the opponent's left jumeok with the right elbow; the elbow should draw a semicircle. The elbow is one of few body parts that do not require much training to harden it. This palgup cheo-makgi can give the opponent severe injury with little effort.

7단계와 동일한 방법으로 막아내는데 손이 바뀐 동작이다. 상대의 팔을 보며 막아내면 얼굴로 주먹이 뚫고 들어올 수 있으니 나의 턱을 방어한다는 느낌으로 막는다.

Switch the hands from the step 7. In order to avoid the opponent's jumeok coming in between the head and the palgup, make the movement as if you are defending your chin.

돌려지르기로 공격해 들어오는 동작을 막아내는 동작이다. 사실 돌려지르기로 공격하는 막기를 어떻게 기술적으로 막아야 하는지 정확히 제시해준 책자가 없다. 이번 품새풀이에서 돌려지르기를 막아내는 방법과 피하는 방법을 제시했다.

먼저 막아내는 방법은 돌려지르기를 바깥막기로 쳐 막는 것이 아니라 얼굴부위나 급소 부위에서 받아막기[1] 하는 것이다. 상대의 힘을 흡수해서 충격량을 완화시킨다.

The defender blocks the opponent's dollyeo-jireugi. In fact, there is almost no guide book that offers a definite defense technique that blocks a dollyeo-jireugi; so, here we suggest a way to block and avoid a dollyeo-jireugi; it is to use a bada-makgi[1] infront of the face or the vitals instead of using a bakkat-makgip to push away the attack. Absorb the opponent's force in order to reduce the impact.

10단계: 왼 바깥 받아막기 wen bakkat bada-makgi

(교본) 오른 바깥 받아막기
(textbook) oreun bakkat bada-makgi

응용동작
application

9단계와 동일한 방법으로 막아내는데 손이 바뀐 동작이다. 이 막기 동작도 마찬가지로 상대의 주먹을 보고 막는 것이 아니라 상대가 공격해오는 얼굴이나 급소부위 가까이를 막아내 상대의 공격을 무력화시킨다.

Switch the arms from the step 9. As said above, do not look at the opponent's arm; instead defend near the face or the vitals, so that you may emasculate the opponent's attack.

---

[1] 받아막기: 상대방의 공격을 손이나 발로 받으며 충격을 완화하는 기술(태권도 기술 용어집 2010)
Absorbing block-A technique of alleviating the impact of the assailant's attack by absorbing it with a hand or foot of the defender

11단계: 오른 몸통 받아막기 oreun momtong bada-makgi

(교본) 오른 몸통 받아막기
(textbook) oreun momtong bada-makgi

응용동작
application

상대의 젖혀지르기 공격을 몸통막기로 막아내는데 쳐 막는 것이 아니라 지르기 하는 방향 쪽으로 흘려보내는 것이 목적이다. 위에서 아래로 막아내기 때문에 상대의 팔뚝에 충격을 줄 수도 있다. 방어를 하면서 동시에 공격하는 방법이다.

Defend from the opponent's jeocheo-jireugi by using a momtong-makgi; the goal is to let the jireugi flow to its direction instead of blocking it. Since the bada-makgi drops down from the top, it will impact the opponent's arm as well.

12단계: 왼 몸통 받아막기 wen momtong bada-makgi

(교본)왼 몸통 받아막기
(textbook) wen momtong bada-makgi

응용동작
application

11단계와 동일한 방법으로 막아내는데 손이 바뀐 동작이다.

Switch the arms from the step 11.

포인트 POINT

1. 위에서 제시한 동작 수행은 막기에 대한 강약과 타이밍 등을 익히는 동작.

2. 아래, 몸통, 얼굴 등을 순서대로 지르기를 하면 방어자는 그 일정한 순서대로 막기의 거리, 순간(타이밍), 힘과 속도를 익히고 언제든지 잡아서 넘기고, 걸고, 당기는 등 공격으로전환 될 수 있도록 몸 쓰는 방법을 올바르게 익힌다.

3. 기본 손기술 막기 12단계는 태권도 실전 손기술 기본 손기술 막기 8단계를 업그레이드한 것이다.

4. 태극1~3장은 품새풀이를 하는 것이 아니라 기본 공,방법 1,2,3단계를 통해 기본적인 태권도 동작을 연결하여 배우는데 의미가 있다.

1. The movements presented above help trainees understand the power, speed and timing.

2. When the offender attacks the defender with area, momtong and eolgul jireugi, the defender blocks the attack, gauging the distance, speed, and power of the opponent. Furthermore, the defender learns when and how to switch from defense to offense.

3. The 12 basic hand defense techniques' is an improved version of 'The 8 Taekwondo practical hand defense techniques.'

4. Taegeuk 1-3 Jangs are more focused on practicing the 12 basic offense and defense movements in continuous motion than their practical application.

유급자 수련과제(예시)

띠 체계	품새 수련과제	손기술 수련과제	발차기 수련과제	품새풀이 수련과제
18급	입문	도장규칙	준비동작 배우기	입문
17급	관장님 이름외우기	주먹 쥐는 방법	발쓰기	입문
16급	관훈 외우기	손날 펴는 방법	서기	입문
15급	관훈 외우기	팔쓰기의 종류	서기	입문
14급	기본 지르기	팔 크게 쓰기	딛기	입문
13급	기본 지르기	손막기 기술	딛기	기합소리 넣는 수련
12급	기본동작	1단계 반대지르기	앞 뻗어 올리기	자기소개
11급	기본막기	2단계 바로지르기	앞차기	막기 방향
10급	기본지르기	3단계 두 번 지르기	앞차기	지르기 방향
9급	기본동작 연결	4단계 돌려 지르기	돌려차기	맞추어 기본 공방법1단계
8급	태극1장	5단계 돌려 지르기	돌려차기	맞추어 기본 공방법1단계
7급	태극2장	6단계 치 지르기	돌려차기	맞추어 기본 공방법2단계
6급	태극2장	팔굽치기, 치 지르기	옆차기	맞추어 기본 공방법2단계
5급	태극3장	팔굽치기, 젖혀 지르기	옆차기	태극1장 품새풀이
4급	태극4장	젖혀 지르기	뒤차기 연습	손기술 막기 12단계
3급	태극5장	막기 1, 2단계	뒤차기 연습	손기술 막기 12단계
2급	태극6장	막기 3, 4단계	앞 후려차기	태극1장 품새풀이
1급	태극7장, 8장	막기 5, 6단계	뒤 후려차기	태극2장 품새풀이
국기원	태극8장 및 품새 총 연습	기본지르기 6단계 막기 1~6단계	뒤 후려차기	태극3장 품새풀이

Kup-grade training task(example)

	poomsae training task	Hand technique training task	Chagi training task	poomsae application training task
18kup	initiation	dojang rule	Learning ready poses	initiation
17kup	Learning instructor's name	forming a jumeok	using foot	initiation
16kup	Learning Dojang motto	forming a sonnal	seogi	initiation
15kup	Learning Dojang motto	ways of using arm	seogi	initiation
14kup	basic jireugi	arm usages	ditgi	initiation
13kup	basic jireugi	hand techniques	ditgi	kihap
12kup	basic movement	No.1 Bandae (opposite) jireugi	Lifting the legs	introduce oneself
11kup	basic makgi	No.2 baro-jireugi	ap-chagi	makgi direction
10kup	basic jireugi	No.3 dubeon jireugi	ap-chagi	jireugi difection
9kup	basic consecutive movement	No.4 dollyo jireugi	dollyeo-chagi	Machuo Gyeorugi basic No.1
8kup	Taegeuk 1 Jang	No.5 dollyo jireugi	dollyeo-chagi	Machuo Gyeorugi basic No.1
7kup	Taegeuk 2 Jang	No.6 chi jireugi	dollyeo-chagi	Machuo Gyeorugi basic No.2
6kup	Taegeuk 2 Jang	palkup-chigi, chi jireugi	yeop-chagi	Machuo Gyeorugi basic No.2
5kup	Taegeuk 3 Jang	palkup-chigi, jeocho jireugi	yeop-chagi	Taegeuk 1 Jang poomsae application
4kup	Taegeuk 4 Jang	jeocho jireugi	dwi-chagi	12 Hand defense technique
3kup	Taegeuk 5 Jang	defense No. 1, 2	dwi-chagi	12 Hand defense technique
2kup	Taegeuk 6 Jang	defense No. 3, 4	ap huryeo-chagi	Taegeuk 1 Jang poomsae application
1kup	Taegeuk 7, 8 Jang	defense No. 5, 6	dwi huryeo-chagi	Taegeuk 2 Jang poomsae application
kukkiwon	Taegeuk 8 Jang and Taegeuk poomsae review	Basic jireugi No. 6 makgi 1~6	dwi huryeo-chagi	Taegeuk 3 Jang poomsae application

> 포인트 POINT

품새풀이의 서기자세(Stace) 딛기(보법) 자세
Seogi(Stace) and ditgi(step) in the poomsae application

딛기는 몸의 중심이동이 원활하게 이루어지는 것을 말한다. 국기원 기술 용어집에는 상대방과의 거리 조절 및 공격과 방어 동작 수행을 위해, 발을 여러 곳으로 움직이거나 방향을 바꾸는 동작이라고 표현되어 있다. 딛기는 몸을 이동시키며 손과 발의 공격을 용의하게 해주고 상대의 공격을 적절하게 방어할 수 있는 거리를 만들어 낼 수 있는 중요한 기술이다. 하지만 역시 딛기도 경기에서 사용하는 일정한 패턴의 딛기가 있고 보호장비 없이 앞면을 공격하고 막아 내는 무예적 성격의 딛기가 있는데 약간의 다른 패턴을 가지고 있다. 일자 서기자세(Stance)와 중심이동 (딛기)의 경우 태권도 겨루기 경기에서 매우 훌륭한 자세이다. 겨루기 경기의 발 놀림이야말로 다양하고 변화무쌍하여 화려함은 물론이고 학자들을 통해서 과학적으로도 많은 증명이 있다.

Ditgi is a movement that changes directions or formation of the feet to various points in order to adjust one's distance to the opponent, where one executes attacks or makes defensive moves(Taekwondo technique terminology). Ditgi is an important movement that enables distant control and helps one make offense and defense movements instantaneously. However, there are two kinds of ditgis: one that is used in Taekwondo games, and one that is closer to martial art in which no protective gear is used. Line seogi(Stance) and shifting balance(ditgi) are great movements for Taekwondo gyeorugi games. These movements work as a springboard for various other movements, and the effectiveness of these movements are scientifically proven by many scholars.

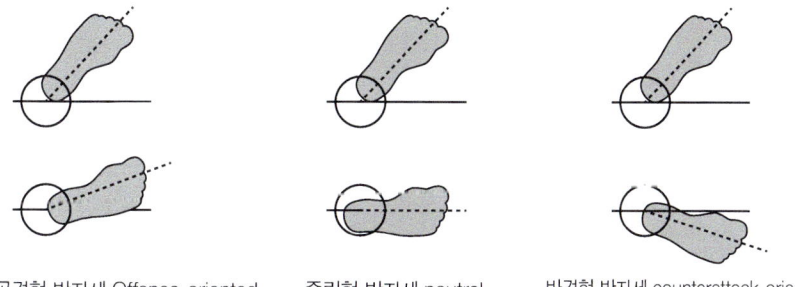

공격형 발자세 Offense-oriented   중립형 발자세 neutral   반격형 발자세 counterattack-oriented

발자세의 유형 Three kinds of stances

* 위의 자세는 겨루기경기 자세를 분석해 놓은 것이다. (태권도의 기본 2013)
Attack stance/ neutral stance/ counterattack stance
* An analysis on the gyeorugi posture. (Basic of Taekwondo 2013)

포인트 POINT

하지만 겨루기 경기에서의 서기자세(Stance)와 딛기는 품새풀이에서 사용할 때의 서기자세(Stance)와 중심이동(딛기)이 약간 다르다.

태권도 품새풀이 실전 편에서는 겨루기경기의 일자형 서기자세(Stance)보다는 모 주춤서기가 좀 더 유리하다. 상체의 공격이 제한되어 있는 겨루기경기의 경우는 손기술의 사용빈도 수가 그리 많지 않지만 품새풀이에서는 손으로 사용되는 기법들이 많이 나오기 때문에 모 주춤서기자세가 훨씬 유리하다.

그래서 품새풀이의 편에서도 기본 서기자세(Stance)는 모 주춤서기로 오른발이 뒤에 있는 것을 기본 서기자세(Stance)로 한다.

However, Gyeorugi games and the poomsae application have differences in seogi (stance) and ditgi(step) when shifting the balance.

For the Taekwondo poomsae application, a mo-juchumseogi is more effective than gyeorugi's line seogi. Hand techniques are not used very often in Gyeorugi, because upper body attacks are restricted. However, here in this book, there are many hand techniques that work better with mo-juchumseogi.

Therefore, the basic seogi in the poomsae application is the mo-juchum seogi with the right foot behind.

tip

하지만 모든 서기가 모 주춤서기로만 서는 것은 아니다. 겨루기 경기에서는 일자 서기자세가 가장 좋고 좌, 우에서 상대의 공격은 주춤서기가 유리하며 기술의 차이가 크게 나는 상대에게는 편히 서기자세를 사용하기도 한다. 방어를 위해서는 뒷굽이 서기자세나 범서기 서기자세가 유리하며 상대를 잡거나 넘길 때는 손을 펴서 얼굴과 몸통을 보호하는 서기자세를 사용하기도 한다.

Depending on the situation, the kind of seogi should change. In Gyeorugi games, a line seogi is the best, and a juchum seogi is also good when attacking the opponent from the left and right direction. When fighting with the opponent who has little experience, a pyeoni seogi is also fine. For defense, a dwitgubi seogi or a beomseogi is effective, and when grabbing or throwing the opponent over, a kind of seogi that protects the upper body and the face with open hands is sometimes used.

※ 겨루기 서기의 유형 Various Gyeorugi seogis

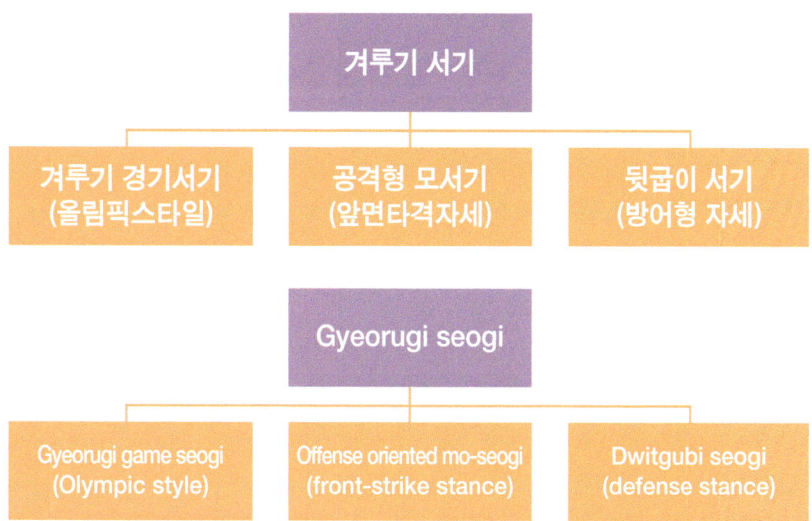

1) 겨루기 경기 서기
Seogis in Gyeorugi games

겨루기 시 차기나 주먹 지르기를 쉽게 하기 위한 발의 자세 및 경기 스타일에 따라 공격형, 중립형, 반격형의 3가지 유형으로 나눌 수 있다. (2, 3급 연수교재 2013)

There are three kinds of stances that facilitate a jumeok-jireugi or a chagi during Gyeorugi games: offense oriented, neutral, counterattack oriented. (2, 3 kup training textbook 2013)

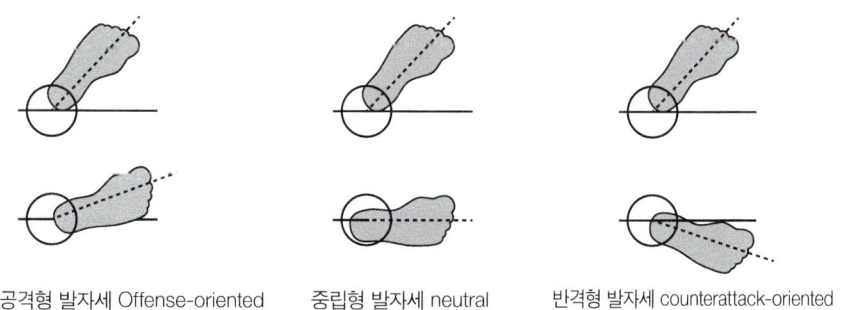

공격형 발자세 Offense-oriented　　중립형 발자세 neutral　　반격형 발자세 counterattack-oriented

발자세의 유형 Three kinds of stances

이처럼 겨루기 경기(올림픽 스타일)에서의 서기는 손기술보다 발기술을 빠르고 정확하게 사용할 수 있는 가장 합리적인 자세가 일자형으로 선 자세이다. 우리 태권도의 대표적인 서기이며 태권도에서 가장 보편적이고 일반적인 서기라고 말할 수 있다.

The Olympic style seogi is a line stance; this seogi is a typical and most common seogi that is used very often; this stance allows one to perform quick and accurate foot attacks and other foot techniques.

2) 공격형 모서기(앞면타격자세)
Offense oriented mo-seogi(front-strike stance)

국기원 기술 용어집에서 모서기는 몸이 대각선 방향을 바라보도록 앞, 뒤로 내디딘 자세. 발을 틀어 모 방향으로 섬으로써 상대방을 공격하거나, 공격을 비켜서 피하는 자세이라고 되어 있다.

손기술을 주로 사용할 수 있는 자세라 할 수 있는데, 기본 동작의 모서기는 45° 발을 벌려서 주먹은 얼굴을 보호할 수 있도록하며 상대의 얼굴을 빠르게 공격하려는 의도가 강하게 숨어있다.

또한, 들어오는 얼굴 공격을 손으로 차단하기 위해 팔의 위치를 턱 정도에 위치하고 삼각형의 각도로 놓는다.

Kukkiwon technique terminology describes a mo-seogi as 'A stance of facing diagonally with the center of gravity evenly distributed to both legs This is a stance where both feet are turned diagonally to attack the opponent or to avoid his or her offense.'

The mo-seogi is a stance that facilitates hand techniques. The feet are located apart and turned 45 degrees. A jumeok should be placed in front of the face, under the chin; the location of the hand makes it easier to quickly attack the opponent's face as well as protecting the face from the opponent.

공격형 모서기 자세(앞면타격 자세) offense-oriented mo-seogi stance(front-strike stance)

(품새풀이 기본 자세는 공격형 모서기를 기본으로 한다)
(This offense-oriented mo-seogi is the basic stance for the poomsae application)

3) 뒷굽이 서기(방어형 자세)
Dwitgubi seogi(defense stance)

뒷굽이 서기는 방어형 자세로 선제공격보다 상대의 공격을 방어하는데 주목적이 있다. 상대의 공격을 미리 파악하여 반격을 시도할 수 있는 뒷굽이 자세의 응용 자세이다.

Dwitgubi seogi is a defense-oriented stance that is used to defend from the opponent's attack rather than to launch a preemptive strike. Dwitgubi seogi is an application of Dwitgubi, a stance which enables counterattack after examining the opponent's schemes.

뒷굽이서기(방어형 자세) dwitgubi-seogi(Defense-oriented stance)

(품새풀이 기본 자세는 공격형 모서기를 기본으로 한다)
(This offense-oriented mo-seogi is the basic stance for the poomsae application)

> **생각해보기 Let's think**　수업 목표 및 전략 예시안　Class goals and examples of lesson strategies

본 예시안은 지도자에 따라 다르게 적용시킬 수 있도록 제시한 것이다. 따라서 이 예시안을 참고로 해서 각기 다른 도장의 환경과 시간에 따라 차등하여 적용하도록 한다.

These examples are suggested to instructors for them to use in various ways when instructing trainees. Instructors can adopt these examples in their own ways depending on their Dojang(cymnasium) circumstances.

예시안 1 / example 1

영역	유급자 품새	차시	수업 모형
주제	태극 1장 단락별 풀이 익히기	1/3	직접 교수 모형
수업 목표	태극 1장의 단락별 손기술 발기술 동작을 연결하여 반복하여 숙달한다.		
수업 전략	학습 방법	전체 학습 및 모둠(개별)학습	
	용품 및 도구	없음	

Area	Kup-grade poomsae	Occation	Teaching method
Theme	Understanding Taegeuk 1 Jang application phase by phase	1/3	Direct teaching
Class goal	practice hand and foot techniques of Taegeuk 1 Jang phase by phase		
Class strategy	learning method	Whole/individual	
	Teaching supply	none	

> **생각해보기 Let's think**　지도, 교수법 예시안　an example of teaching methods

단계	학습 요소	교수 · 지도 활동	시간	주의사항
1단계	간단한 인사말 준비운동	▶ 수련생들에게 간단한 인사를 하고 그날 배울 내용을 알려준다. ▶ 부상방지를 위해 준비운동을 한다. ▶ 태극1장에서 품새풀이에 필요한 손기술과 발기술을 설명한다. ▶ 태권도의 가장 핵심은 하체이다. 다리 근력을 키우기 위한 수련을 한다. (예:스쿼트)	10	준비운동을 철저히 한다.

단계		내용	시간	비고
2단계	태극1장 품새풀이에 필요한 내용습득	▶ 태극1장에서 나오는 동작을 낱동작으로 연습한다. ▶ 태극1장에서 나오는 단락별 동작을 연습한다. ▶ 손기술을 연습할 때는 어깨에 힘을 빼고 팔꿈치가 들리지 않도록 한다. ▶ 지르기를 할 때 팔꿈치가 옆구리를 스치듯 몸 가까이에 붙여서 지른다.	15	품새풀이의 이해가 잘 될 수 있도록 이론도 설명한다.
3단계	집중연습	▶ 태극 1장의 연결동작을 연습한다. ▶ 아래막고 몸통지르기를 집중 연습한다. ▶ 앞차고 몸통지르기 연결과정을 연습한다. ▶ 파트너와 함께 2인1조로 구령 없이 연습한다.	20	파트너에게 예의를 갖추도록 한다.
4단계	정리	▶ 태극 1장의 중요 부분을 강조한다. ▶ 정리운동을 충분히 한다. ▶ 부족한 부분은 다시 한 번 설명하고 강조한다. ▶ 정확한 동작을 실시했는지 물어본다. ▶ 질의응답을 실시한다.	15	질문자들의 질문에 성의껏 대답한다.

Step	Learning elements	Instruction	Duration	Caution
step 1	greetings and warming-up	▶ say greetings to trainees and tell them what they are going to learn. ▶ do warm-ups in order to prevent injury. ▶ explain hand and foot techniques of Taegeuk 1 Jang Poomsae application. ▶ explain the importance of lower body in Teakwondo. Exercise the lower body. ex)squat	10	Do warm-up extensively
step 2	learning the contents of Teageuk 1 Jang poomsae application	▶ practice each movement of Teageuk 1 Jang. ▶ practice each phase of Teageuk 1 Jang. ▶ when practicing hand techniques relax the shoulder and do not let the elbows go up. ▶ when executing a jireugi, have the elbow close to his/her body and punch as though the elbow would hit the side of his/her body.	15	explain theories of the Poomsae application
step 3	intensive practice	▶ Practice consecutive movements of Taegeuk 1 Jang. ▶ practice area-makgi, momtong-jireugi intensively. ▶ Practice consecutive movements of ap-chag momtong-jireugi. ▶ form a group of two people and practice without commands.	20	be polite to the partner
step 4	wrap up	▶ review the key movements of Teageuk 1 Jang ▶ do wrapping-up exercise. ▶ re-explain and emphasize today's learning if needed. ▶ ask trainees if they executed movements accurately. ▶ do Q&A.	15	answer the questions sincerely

생각해보기 Let's think 심사평가표, 또는 동료 평가표 Evaluation form, Or peer evaluation

평가 항목	상(3점)	중(2점)	하(1점)	계	느낀 점(예시)
품새풀이의 이해도	○			3	아래막기의 동작 이해
정확성			○	1	정확한 위치 선정
힘의 강, 유			○	1	끝점의 절도
속도의 완, 급		○		2	빠른 속도
중심이동			○	1	앞쪽으로 쏠림
시선			○	1	하늘을 보고 있음
합 계				9	

Evaluation entry	Good(3점)	Fair(2점)	poor(1점)	계	notes(ex:)
Understanding of the poomsae application	○			3	understood area-makgi
Accuracy			○	1	accurate positioning
Power control			○	1	move with discipline
Speed control		○		2	fast
Shifting balance			○	1	leaning to the front
Gaze			○	1	looking into the air
합 계				9	

KTA 태권도 품새풀이
(KTA Taekwondo Poomsae Application)

III. 유급자 품새풀이
Kup-grade Poomsae application

내가 세계의 1인자 인지도 모른다.
I may be the No.1 in the world.

태극1장
Taegeuk 1 Jang

1단계 STEP

품새풀이 1단계 : 품새동작의 의미를 알아가는 정형화 되어 있는 과정.
Poomsae application step 1 : a systemized trainingcourse through which trainees learn the meanings of each movement.

2단계 STEP

품새풀이 2단계 숙련과정 : 품새풀이 과정을 좀 더 사실적이고 실전에서 사용할 수 있는 응용동작.
Poomsae application step 2 advance : a course throughwhich trainees learn how to use the Poomsae application in real fights.

태극1장   Taegeuk 1 Jang

1. 태극1장 품새
Taegeuk 1 Jang poomsae

처음으로 입문한 수련생들이 제일 먼저 배우는 태극1장은 말 그대로 기초적인 동작으로 되어 있다. 막기와 지르기만 잘할 수 있도록 구조화되어 있다.

For trainees who just started Taekwondo, Taegeuk 1 Jang is the first poomsae they learn; the Taegeuk 1 Jang poomsae is composed of basic movements such as-makgi and jireugi.

서기 Seogi	새로운 동작 New movements	교본 동작수 Textbook number of movements	발기술 Foot technique
앞서기, 앞굽이 apseogi, apgubi	아래막기, 몸통지르기, 몸통막기, 얼굴막기, 앞차기 naeryeo(area)-makgi, momtong-jireugi, momtong-makgi, ollyeo(eolgul)-makgi, ap-chagi	18	2

태극1장 주요 품새풀이 Taegeuk 1 Jang Major poomsae application

태극1장 Taegeuk 1 Jang	품새풀이 Poomsae application
1번 No.1	아래막고 지르기 naeryeo(area)-makgo jireugi
2번 No.2	몸통막고 지르기 momtong-makgo jireugi
3번 No.3	얼굴막고 앞차고 지르기 ollyeo(eolgul)-makgi ap-chago jireugi

태극1장 품새풀이 1번 : 아래막고 지르기 1단계
Taegeuk 1 Jang poomsae application No.1 step 1: naeryeo(area)-makgo jireugi

팁 TIP

※ 막는 팔목부위를 정확하게 알려주고 발차기의 공격을 효과적으로 막을 수 있도록 거리를 잘 계산해내는 것이 중요하다.

Know the exact region of the wrist that one should defend with. It is also important to gauge the right distance from the opponent in order to defend from the opponent's foot attack effectively.

팁 TIP

※ **잘못된 동작 Wrong movement**
팔꿈치 쪽으로 잘못 막게 되면 부상이 올 수도 있다.
Using the elbow may injure the defender.

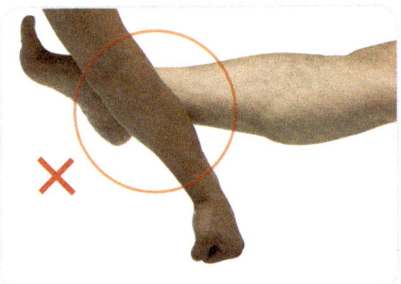

팔목으로 막지 않고 팔꿈치로 막는 동작 ✕

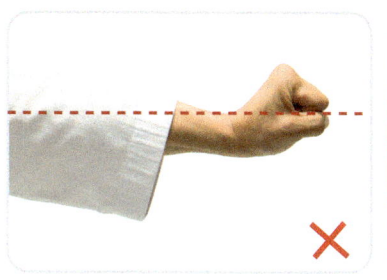 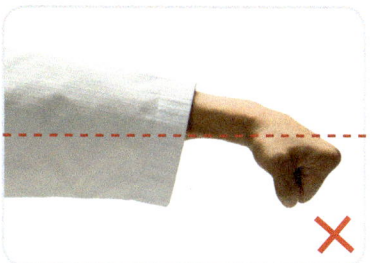

태극 1장 품새풀이 1번 숙련과정 : 아래막고 지르기 2단계
Taegeuk 1 Jang poomsae application No.1 step 2 advanced: naeryeo(area)-makgo jireugi

아래막고 지르기는 연속 동작으로 연결하여 공격한다. 특히 막기의 경우 팔목으로 정확하게 막아낸다.

naeryeo(area)-makgo jireugi is one sequence of attack. Use the wrist when doing a makgi.

팁 TIP

※ 잘못된 동작 Wrong movement
지르기를 할 때 밀어치거나 중심이 앞으로 쏠리는 동작.
Do not lean forward or push when doing a jireugi.

태극1장 품새풀이 2번: 몸통막고 지르기 1단계
Taegeuk 1 Jang poomsae application No.2 step 1: momtong-makgo jireugi

정확한 몸통막기로 막는 것이 중요하고 지르기도 직선으로 지른다.
Form an acurate momtong-makgi when defending. A jireugi should be delivered straight.

팁 TIP

※ 잘못된 동작 Wrong movement

팔꿈치를 펴서 막는 동작이나 주먹의 손목이 구부러지는 막기.

the elbow should be bent.
the wrist of the jumeok should be straight.

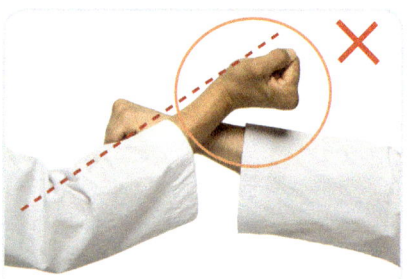

태극1장 품새풀이 2번 숙련과정: 몸통막고 지르기 2단계
Taegeuk 1 Jang poomsae application No.2 Step 2 advanced: momtong-makgo jireugi

몸통막기를 막고 지르는 것이 아니다. 막으며 동시에 지르기를 한다.
Do a momtong-makgi and a jireugi at the same time, not separate.

팁 TIP

※ **몸통막고 얼굴지르기 경동맥을 지르기 할 수 있다.**
momtong-makgo ollyeo(eolgul)-jireugi the jireugi strikes the opponent's carotid.

태극1장 품새풀이 3번: 얼굴막고 앞차고 지르기 1단계
Taegeuk 1 Jang poomsae application No.3 step 1: ollyeo(eolgul)-makgo ap-chago jireugi

상대가 얼굴로 공격이 들어올 때 막기는 사선으로 막아 내야한다.
팔꿈치가 일자로 되면 오히려 힘을 쓸 수가 없다.
When the opponent tries to hit the face, the defender should draw the arm diagonally to do a makgi. The elbow shouldn't be straight. Otherwise, the strength cannot be delivered.

팁 TIP

※ **잘못된 동작**
Wrong movement

팔이 수평으로 막는 동작.
팔을 수평으로 막아내며 내려치는 힘을 견딜 수 없다. 머리보다 더 높은 위치로 막는다.
The arm shouldn't be leveled. Otherwise, the arm cannot withstand the force of the naeryeo-chigi. The arm should go a bit higher than the head.

태극1장 품새풀이 3번 숙련과정: 얼굴막고 앞차고 지르기 2단계
Taegeuk1 Jang poomsae application No.3 step 2 advanced: ollyeo(eolgul)-makgo ap-chago jireugi

상대방이 지르기로 공격 시 얼굴막고 발을 내딛는 순간 지르기를 한다.
앞차고 얼굴 지르기가 훨씬 효과적이다.
앞차기로 상대 차고 내려놓는 동시에 지르기를 할 수 있도록 한다. 몸통(단전, 허리)의 힘이 전달될 수 있도록 어깨와 목에 힘을 빼고 부드럽게 지르기를 연결한다.

When the opponent attacks with a jireugi the defender uses a ollyeo(eolgul)-makgi. When the opponent takes a step forward, the defender does a jireugi.
ap-chago ollyeo(eolgul) jireugi is even more effective. At the same moment the defender putting down the foot after the ap-chagi, do a jireugi. The shoulders and the neck should be relaxed, so that the power of the trunk can be delivered to a jireugi. The movement should be continuous.

얼굴막기는 막는 동작만이 아니라 잡고 부러트리는 역할도 한다.
An ollyeo(eolgul)makgi is not only a defense movement, but also a offense movement which works as a springboard for grabbing and breaking techniques.

팁 TIP

앞차기 때 축이 틀어지는 동작.
디딤발의 몸축이 틀어지면 엉덩이가 땅을 향해 눕게 되어 중심을 잃게 된다. 상체가 뒤로 많이 눕게 되면 중심이 뒤로 이동됨으로 강한 발차기의 힘을 낼 수 없다. 무릎도 뒤틀리는 현상이 일어나 무릎 관절에도 좋지 않다.

The ap-chagi chuk(heel) shouldn't be turned.
If the heel of the foot on the ground is turned, the upper body and the hip lean back; the body loses the balance and the power of the chagi cannot be delivered. It is bad for the knee as well, because the joint of the knee becomes twisted.

막기로서 상대의 중심을 깨트려라!
Break the opponent's balance with a makgi!

태권도에서 막기를 하는 이유가 무엇일까? 단순히 상대의 공격을 막아내는 데 그치는 것일까? 아니다. 막기는 또 다른 공격이다. 상대의 공격을 막아내는 동시에 상대의 중심을 무너트려 내가 공격하기 쉬운 상태로 만드는 것이다. 정확한 막기는 상대의 중심을 무너뜨리고 나의 중심은 균형을 잡고 다음 공격을 대비하는 것이다. 이 동작이 전제되지 않으면 막기로서의 진정한 의미를 알지 못한다.

예를 들면 얼굴로 날아오는 상대의 주먹을 단순히 막아내는 것이 아니라 막아낼 때 상대의 팔을 부러뜨린다는 생각을 하고 방어를 해야 한다. 방어로써 상대를 제압하는 것이야말로 진정한 고수가 아니고서는 할 수 없다. 초보자는 의미를 아는 것이 중요하다. 몸놀림은 수만 번의 반복과 숙달이 있어야 가능한 것이니 마음을 조급하게 먹지 말고 수련한다.

Why does Taekwondo have makgis? Is defending from attacks the only reason for having makgis? No. A makgi is another attack. While a makgi defends one from the opponent's attacks, it also breaks the opponent's balance, so that you may get the upper hand on the opponent. The real makgi breaks the opponent's balance, maintains your balance, and prepares for the next attack. Without knowing these fundamentals, one cannot perform a right makgi.

For instance, when defending your face from the opponent's jumeok, you should perform a magki thinking that you will break the opponent's arm. The real master dominates the opponent with a makgi. However, this doesn't happen overnight. Do not rush. Trainees should understand the meaning of makgis and practice them repeatedly.

태극 1장 품새풀이에 대한 지도, 교수법 계획안을 직접 세워 보고 난계별로 체계적인 수업 운영을 할 수 있도록 한다.

Try planning the class instruction and teaching strategies yourself and prepare a stage by stage class schedule.

포인트 POINT

막기로서 상대의 중심을 깨트려라!
태권도에서 막기를 하는 이유가 무엇일까?
단순히 상대의 공격을 막아내는 데 그치는 것일까?
아니다. 막기는 또 다른 공격이다. 상대의 공격을 막아내는 동시에 상대의 중심을 무너트려 내가 공격하기 쉬운 상태로 만드는 것이다.
정확한 막기는 상대의 중심을 무너뜨리고 나의 중심은 균형을 잡고 다음 공격을 대비하는 것이다.
이 동작이 전제되지 않으면 막기로서의 진정한 의미를 알지 못한다.
예를 들면 얼굴로 날아오는 상대의 주먹을 단순히 막아내는 것이 아니라 막아낼 때 상대의 팔을 부러뜨린다는 생각을 하고 방어를 해야 한다. 방어로써 상대를 제압하는 것이야말로 진정한 고수가 아니고서는 할 수 없다.
초보자는 의미를 아는 것이 중요하다. 몸놀림은 수만 번의 반복과 숙달이 있어야 가능한 것이니 마음을 조급하게 먹지 말고 수련한다.

Break the opponent's balance with a makgi!

Why does Taekwondo have makgis? Is defending from attacks the only reason for having makgis? No. A makgi is another attack. While a makgi defends one from the opponent's attacks, it also breaks the opponent's balance, so that you may get the upper hand on the opponent.

The real makgi breaks the opponent's balance, maintains your balance, and prepares for the next attack. Without knowing these fundamentals, one cannot perform a right makgi.

For instance, when defending your face from the opponent's jumeok, you should perform a magki thinking that you will break the opponent's arm. The real master dominates the opponent with a makgi. However, this doesn't happen overnight. Do not rush. Trainees should understand the meaning of makgis and practice them repeatedly.

태극1장 품새풀이에 대한 지도, 교수법 계획안을 직접 세워 보고 단계별로 체계적인 수업운영을 할 수 있도록 한다.

Try planning the class instruction and teaching strategies yourself and prepare a stage by stage class schedule.

생각해보기 Let's think 지도, 교수법 예시안 an example of teaching methods

단계 Step	학습 요소 Learning elements	교수·지도 활동 Instruction	시간 Duration	주의사항 Caution
1단계 Step 1				
2단계 Step 2				
3단계 Step 3				
4단계 Step 4				

생각해보기 Let's think 심사평가표, 또는 동료 평가표 an evaluation form or a peer evaluation form

평가 항목 Evaluation entry	상(3점) Good(3)	중(2점) Fair(2)	하(1점) poor(1)	계 Number	느낀 점(예시) notes(ex:)
품새풀이의 이해도 Understanding of the poomsae application					
정확성 Accuracy					
힘의 강, 유 Power control					
속도의 완, 급 Speed control					
중심이동 Shifting balance					
시선 Gaze					
합계 total					

승급심사 때 이 평가표를 활용하고 동료 평가표로 활용할 때는 꼭 느낀 점을 써서 서로 공유한다.
Use this evaluation form in Taekwondo advancement tests, and when evaluating peers, write down feedbacks and share with them.

나는 오늘도 나의 목표를 이루기 위해 오늘과 싸운다.
I fight with today to achieve my goal

태극2장
Taegeuk 2 Jang

1단계 STEP

품새풀이 1단계 : 품새동작의 의미를 알아가는 정형화 되어 있는 과정.
Poomsae application step 1 : a systemized training course through which trainees learn the meanings of each movement.

2단계 STEP

품새풀이 2단계 숙련과정 : 품새풀이 과정을 좀 더 사실적이고 실전에서 사용할 수 있는 응용동작.
Poomsae application step 2 advance : a course through which trainees learn how to use the Poomsae application in real fights.

| 태극2장 | Taegeuk 2 Jang |

2. 태극 2장 품새풀이
Taegeuk 2 Jang poomsae application

태극 2장은 태극 1장의 연장선에 있다. 1장에서 부족했던 것을 2장에서 다시 연습할 수 있다. 2장은 새로운 동작이 얼굴지르기 하나밖에 없기 때문이다. 1장에서 부족했던 것을 2장에서 수련한다.

Taegeuk 2 Jang is an extention of Taegeuk 1 Jang. In Taegeuk 2 Jang, trainees can practice the movements of Taegeuk 1 Jang that need improvement. There is only one new movement, ollyeo(eolgul)-jireugi. Review and practice Taegeuk 1 Jang within Taegeuk 2 Jang.

서기 Seogi	새로운 동작 New movements	교본 동작수 Textbook number of movements	발기술 Foot technique
앞서기, 앞굽이 apseogi, apgubi	얼굴지르기 Ollyeo(eolgul)-jireugi	18	2

태극2장 주요 품새풀이 Taegeuk 2 Jang Major poomsae application

태극2장 Taegeuk 2 Jang	품새풀이 Poomsae application
1번 No.1	아래막고 앞차고 얼굴 지르기 naeryeo(area)-makgo ap-chago ollyeo(eolgul)-jireugi

태극2장 품새풀이 1번: 얼굴지르기 1단계
Taegeuk 2 Jang poomsae application No.1 step 1: ollyeo(eolgul)-jireugi

태극2장 품새풀이 1번 숙련과정: 얼굴지르기 2단계
Taegeuk 2 Jang poomsae application No.1 step 2 advanced: ollyeo(eolgul)-jireugi

태극 2장 품새풀이에 대한 지도, 교수법 계획안을 직접 세워 보고 단계별로 체계적인 수업 운영을 할 수 있도록 한다.

Try planning the class instruction and teaching strategies for Taegeuk 2 Jang yourself and prepare a stage by stage class schedule.

생각해보기 Let's think 지도, 교수법 예시안 an example of teaching methods

단계 Step	학습 요소 Learning elements	교수·지도 활동 Instruction	시간 Duration	주의사항 Caution
1단계 Step 1				
2단계 Step 2				
3단계 Step 3				
4단계 Step 4				

생각해보기 Let's think 심사평가표, 또는 동료 평가표 an evaluation form or a peer evaluation form

평가 항목 Evaluation entry	상(3점) Good(3)	중(2점) Fair(2)	하(1점) poor(1)	계 Number	느낀 점(예시) notes(ex:)
품새풀이의 이해도 Understanding of the poomsae application					
정확성 Accuracy					
힘의 강, 유 Power control					
속도의 완, 급 Speed control					
중심이동 Shifting balance					
시선 Gaze					
합 계 total					

승급심사 때 이 평가표를 활용하고 동료 평가표로 활용할 때는 꼭 느낀 점을 써서 서로 공유한다.
Use this evaluation form in Taekwondo advancement tests, and when evaluating peers, write down feedbacks and share with them.

KTA 태권도 품새풀이
(KTA Taekwondo Poomsae Application)

매일 매일 수련하라!
Most Training everyday!

태극3장
Taegeuk 3 Jang

1단계 STEP

품새풀이 1단계 : 품새동작의 의미를 알아가는 정형화 되어 있는 과정.
Poomsae application step 1 : a systemized training course through which trainees learn the meanings of each movement.

2단계 STEP

품새풀이 2단계 숙련과정 : 품새풀이 과정을 좀 더 사실적이고 실전에서 사용할 수 있는 응용동작.
Poomsae application step 2 advance : a course through which trainees learn how to use the Poomsae application in real fights.

| 태극3장 | Taegeuk 3 Jang |

III. 유급자 품새풀이 Kup-grade Peoomsae application

3. 태극 3장 품새
Taegeuk 3 Jang poomsae

태극 3장은 연결동작의 숙련에 있다. 1~2장에서 배웠던 동작을 좀 더 부드럽게 연결하는 것이다. 두 번 지르기, 한손날 막고 지르기, 앞차고 아래막고 지르기 등 연결 동작으로 되어 있다. 이 의미를 깊이 이해해야 한다.

The goal of Taegeuk 3 Jang helps practice consecutive movements of Taegeuk poomsaes. Trainees should be able to connect movements of Taegeuk 1 and 2 Jang smoothly. The consecutive movements are: dubeon(twice) jireugi, hansonnal makgo jireugi, ap-chago naeryeo(area)-makgo jireugi and etc. Understand and practice the movements.

서기 Seogi	새로운 동작 New movements	교본 동작수 textbook number of movements	발기술 foot technique
앞서기, 앞굽이 뒷굽이 apseogi, apgubi dwitgubi	두 번 지르기, 한 손날 목치기, 한 손날막기 dubeon(twice) jireugi, hansonnal mok-chigi, hansonnal-makgi,	20	6

태극3장 주요 품새풀이 Taegeuk 3 Jang Major poomsae application

태극3장 Taegeuk 3 Jang	품새풀이 Poomsae application
1번 No.1	아래막고 앞차고 두 번 지르기 naeryeo(area)makgo ap-chago dubeon(twice) jireugi
2번 No.2	한손날 목치기 hansonnal mok-chigi
3번 No.3	한손날 막고 몸통지르기 hansonnal makgo momtong-jireugi
4번 No.4	앞차고 아래막고 몸통지르기 ap-chago naeryeo(area)-makgo momtong-jireugi

태극3장 품새풀이 1번: 앞차고 두 번 지르기 1단계
Taegeuk 3 Jang poomsae application No.1 step 1: ap-chago dubeon(twice)-jireugi

앞차고 난 후 **쿵** 소리가 나지 말아야 하고 두 번 지르기는 첫 번째 지르는 손과 발이 일치하도록 한다.

Do not stamp on the ground with the foot after the ap-chagi. The first jireugi of the dubeon jireugi should be performed at the same time as the foot touches the ground.

팁 TIP

※ 잘못된 동작 Wrong movement
주먹지르기 때 몸의 중심이 앞쪽으로 쏠리는 동작과 쿵 하는 소리가 나지 않도록 주의한다.
When doing a jumeok-jireugi, the body shouldn't lean forward, and the front foot should not make loud thump when it is put down one the ground.

태극3장 품새풀이 1번 숙련과정: 아래막고 앞차고 두 번 지르기 2단계
Taegeuk 3 Jang poomsae application No.1 stage 2 advanced: naeryeo(area)-makgo ap-chago dubeon(twice) jireugi

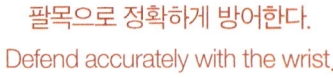

팔목으로 정확하게 방어한다.
Defend accurately with the wrist.

앞차기로 상대의 거리를 좁히며 위협하고 두 번 지르기로 마무리한다. 이때 두 번 지르기는 손과 발이 일치한다. 왼손을 지를 때는 허리를 충분히 사용한다.

Intimidate the opponent with an ap-chagi as you get closer to the opponent, and finish the movement with a dubeon jireugi. The dubeon jireugi and the foot should move simultaneously. When delivering a jireugi, fully use the waist.

태극3장 품새풀이 2번: 한손날 목치기 1단계
Taegeuk 3 Jang poomsae application No.2: hansonnal mok-chigi

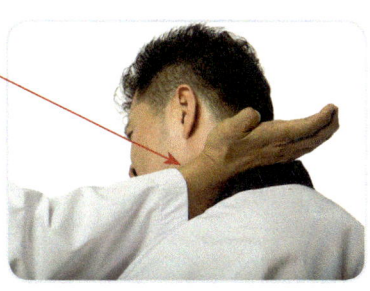

공격해 들어오는 상대를 먼저 손날 목치기로 공격한다.
When the opponent attacks the defender, the defender attacks the offender with a sonnal mok-chigi.

태극3장 품새풀이 2번 숙련과정 : 한손날 목치기 2단계
Taegeuk 3 Jang poomsae application No.2 Step 2 advanced: hansonnal mok-chigi

보조하는 손은 항상 얼굴공격에 대비해서 자세를 취한다.
The assisting hand should always be ready to defend the face from the attack.

태극3장 품새풀이 3번: 한손날 막고 몸통지르기 1단계
Taegeuk 3 Jang poomsae application No. 3 Step 1: hansonnal makgo momtong-jireugi

몸의 중심이 뒤로 있다가 축(몸통)이 이동되면서 지르기를 한다.
한손날 부위로 상대의 팔목을 정확하게 막고 동시에 잡아끌면서 몸통을 정확하게 지른다.
As you shift the balance from theback to the front, deliver a jireugi. Use a hansonnal to hit the opponent's wrist to defend accurately, and grab and pull the opponent as you deliver a momtong-jireugi with the opposite hand.

팁 TIP

※ 잘못된 동작 Wrong movement

손가락이 위로 하늘로 향하고 손목이 꺾인 모양은 막을 순 있으나 막아내는 사람의 손목이 다칠 수도 있고 막는 힘이 없어 상대의 주먹이 파고들 수도 있다.

If the fingers are pointing at the sky, the power of arm is lessened and it may allow in the opponent's fist. This wrong movement may also cause an injury to the defender.

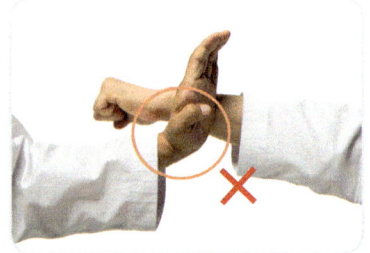

태극3장 품새풀이 3번 숙련과정: 한손날 막고 몸통지르기 2단계
Taegeuk 3 Jang poomsae application No. 3 Step 2 advanced: hansonnal-makgo momtong-jireugi

한손날막기로 막으며 동시에 지르기를 한다. 막기와 공격이 동시에 이루어지도록 한다. 명치뿐만 아니라 얼굴 돌려지르기도 가능하다.

Do a hansonnal-makgi and a jireugi at the same time. A momtong or an ollyeo(eolgul) dollyeo-jireugi both are applicable.

팁 TIP

오히려 실전에서는 얼굴 공격이 더 치명적인 기술이다.

A face attack is more fatal in the actual fight.

태극3장 품새풀이 4번: 앞차고 아래막고 몸통지르기 1단계
Taegeuk 3 Jang poomsae application No.4 step 1: ap-chago naeryeo(area)-makgo momtong-jireugi

선제공격 앞차기를 상대가 막고 피하며 앞차기로 다시 공격할 경우 다시 아래막기로 막으며 지르기를 한다. (구령에 맞추어 한 동작씩 수련한다.)

When the opponent blocks your ap-chagi and counterattacks with an ap-chagi, defend witha naeryeo(area)-makgi and deliver a jireugi. (Do each movement along with a word of command)

태극3장 품새풀이 4번 숙련과정: 앞차고 아래막고 몸통지르기 2단계
Taegeuk3 Jang poomsae application No.4 step 2 advanced: ap-chago naeryeo(area)makgo momtong-jireugi

선제공격 앞차기를 상대가 막고 피하며 앞차기로 다시 공격할 경우 다시 아래막기로 막으며 지르기를 한다. (구령에 맞추어 한 동작씩 수련한다.)

When the opponent blocks your ap-chagi and counterattacks with an ap-chagi, defend with a naeryeo(area)-makgi and deliver a jireugi. (Do each movement along with a word of command)

point: 상대가 앞차기를 피하고 앞차기로 반격할 때 중요한 것은 상대와의 거리이다. 살짝 들어가며 막는 것이 바람직하다.

The distance from the opponent is important when the opponent avoids your ap-chagi and counterattacks with an ap-chagi. It is better to block the ap-chagi as you get closer to the opponent.

포인트 POINT

● **태극 1~3장 품새풀이를 하기 전 상대의 힘을 이용한 막고 지르기 훈련**

Practice how to utilize your opponent's power when making a defense or offense movement as you react to the opponent's attack. Practice this before you go into Taegeuk 1-3 Jang poomsae application.

막고 지르기가 품새풀이의 기본이다. 막고 나서 지르는 것은 속도가 느려 상대에게 반격할 기회를 주게 된다. 그래서 막고 지르기를 수련하는 데 공(攻), 방(防) 수련법이 매우 중요하며 품새풀이의 기본이 된다.

Makgis and jireugis are the base of the poomsae application. Delivering a jireugi after a makgi is too slow; it may give your opponent an opportunity to attack you. Machuo Gyeorugi is a great way to practice makgis and jireugis and it is also the base for the poomsae application.

태극 3장 품새풀이에 대한 지도, 교수법 계획안을 직접 세워 보고 단계별로 체계적인 수업 운영을 할 수 있도록 한다.

Try planning the class instruction and teaching strategies for Taegeuk 3 Jang yourself and prepare a stage by stage class schedule.

생각해보기 Let's think — 지도, 교수법 예시안 an example of teaching methods

단계 Step	학습 요소 Learning elements	교수·지도 활동 Instruction	시간 Duration	주의사항 Caution
1단계 Step 1				
2단계 Step 2				
3단계 Step 3				
4단계 Step 4				

생각해보기 Let's think 심사평가표, 또는 동료 평가표 an evaluation form or a peer evaluation form

평가 항목 Evaluation entry	상(3점) Good(3)	중(2점) Fair(2)	하(1점) poor(1)	계 Number	느낀 점(예시) notes(ex:)
품새풀이의 이해도 Understanding of the poomsae application					
정확성 Accuracy					
힘의 강, 유 Power control					
속도의 완, 급 Speed control					
중심이동 Shifting balance					
시선 Gaze					
합계 total					

승급심사 때 이 평가표를 활용하고 동료 평가표로 활용할 때는 꼭 느낀 점을 써서 서로 공유한다.
Use this evaluation form in Taekwondo advancement tests, and when evaluating peers, write down feedbacks and share with them.

KTA 태권도 품새풀이
(KTA Taekwondo Poomsae Application)

거북이와 같은 수련을 한다.
Train like a turtle.

태극4장
Taegeuk 4 Jang

1단계 STEP

품새풀이 1단계 : 품새동작의 의미를 알아가는 정형화 되어 있는 과정.
Poomsae application step 1 : a systemized training course through which trainees learn the meanings of each movement.

2단계 STEP

품새풀이 2단계 숙련과정 : 품새풀이 과정을 좀 더 사실적이고 실전에서 사용할 수 있는 응용동작.
Poomsae application step 2 advance : a course through which trainees learn how to use the Poomsae application in real fights.

태극4장 — Taegeuk 4 Jang

III. 유급자 품새풀이 Kup-grade Peoomsae application

4. 태극 4장 품새
Taegeuk 4 Jang poomsae

　태극4장은 이제까지 볼 수 없었던 차원 높은 기법 동작이 많다. 새로운 동작은 손날몸통막기, 편손끝찌르기, 제비품목치기, 옆차기, 몸통바깥막기, 등주먹얼굴앞치기가 있다.
　겨루기에 대비한 동작과 뒷굽이 서기가 많다는 것이 특징이다.
　기본적인 몸놀림을 익히는 1~3장 과정을 거친 후 태극4장부터 본격적인 품새풀이를 들어가 보자. 태극 1~3장은 막고 지르기, 치기 등 기초적인 동작으로 이루어져 있으며 또한 거리와 타이밍을 익히기 위한 품새라고 정리했다. 그런데 4장은 전혀 다른 동작들이 많이 나온다. 즉 쉬운 동작에서 어려운 동작으로 구성되어 있다.
　손날막기와 옆차기, 제비품 목치기, 등주먹 앞치기가 다른 동작들에 비해 4장에서는 난이도가 높은 동작들이다.

　이유가 뭘까?
　이유는 태극 1~3장까지의 동작을 익히고 품새를 배우려면 적어도 4~5개월 정도의 시간이 필요하다. 사람마다 편차는 조금 있지만, 이 시기에는 품새의 풀이가 아니라 기본기를 몸에 익히는 과정이 더 중요하다. 기본기를 충실히 익혔다면 태극4장에서 나오는 급격히 변화된 동작들은 능히 소화해 낼 수 있을 것이다.
　동작 순서 및 분석(손기술, 발기술의 동작은 낱 동작을 기준으로 함)

　There are many upper-level techniques in Taegeuk 4 Jang that haven't appeared in previous 1~3 Taegeuk poomsaes. The new movements are such as sonnal-momtong-makgi, jebipum-mok-chigi, yeop-chigi, momtong-bakkat-makgi, deungjumeok-eolgul-ap-makgi, and etc.

　The movements are characterized by their use of dwuigubi, and that they are preparational movements for gyeorugi games.

Having learned the basic movements from the previous Taegeuk 1~3 Jang training, let's start the Taeguk 4 Jang application. Taeguk 1~3 Jangs are composed of basic movements such as makgi-jireugi-chigi and etc and they give basic ideas of distance and timing. Taegeuk 4 Jang consists of new movements that are more advanced that the previous ones: sonnal-makgi, jebipum-mokchigi, deungjumeok-apchigi

Why is that?

It is because it takes about 4~5 months to practice and be adept at the movements of Taegeuk 1~3 Jang. During these months, it is more important to learn the basic movements than the poomsea application. If one did enough training, the advanced movements of Taegeuk 4 Jang would not be so hard to learn.

서기 Seogi	새로운 동작 New movements	교본 동작수 Textbook number of movements	발기술 Foot technique
앞서기, 앞굽이 뒷굽이 apseogi, apgubi dwitgubi	손날몸통막기, 편손끝 세워찌르기, 제비품목치기, 옆차기, 몸통바깥막기, 등주먹얼굴앞치기 sonnal-momtong-magki, pyeon-sonkkeut sewo-jiruegi, jebipum-mok-chigi, yeop-chagi, momtong-bakkat-makgi, deungjumeok-ap-chigi	20	6

태극4장 주요 품새풀이 Taegeuk 4 Jang Major poomsae application

태극4장 Taegeuk 4 Jang	품새풀이 Poomsae application
1번 No.1	손날막고 손끝 세워 찌르기 sonnal-makgo sonkkeut sewo jjireugi
2번 No.2	제비품목치고 앞차고 몸통지르기 jebipum-mok-chigo ap-chago momtong-jireugi
3번 No.3	옆차고 옆차고 손날 막기 yeop-chago yeop-chago sonnal-makgi
4번 No.4	바깥막고 앞차고 몸통막기 bakkatmakgo ap-chago momtong-makgi
5번 No.5	몸통막고 두 번지르기 momtong-makgo dubeon(twice)-jireugi

태극4장 기법 The techniques of Taegeuk 4 Jang

4장에서는 손을 펴서 기법을 구사하는 동작들이 많이 나온다. 지금껏 주먹을 쥐고 기법을 배웠다면 이번 4장부터는 손을 펴서 상대를 잡는 방법을 터득하는 수련을 하는 것이다. 또 손날로 막는다는 의미는 상대를 잡으려는 의도가 숨어져 있다. 그래서 막기만으로 끝나는 것이 아니라 상대를 잡아 넘길 수도 있다는 이야기다.

이 수련은 태권도가 치기와 막기, 차기뿐만 아니라 잡고 꺾고 던지는 기술도 포함되어 있다는 뜻이기도 하다.

There are many movements with an open-hand in Taegeuk 4 Jang. So far, we have learned techniques using a jumeok, and from Taegeuk 4 Jang we are going to learn the ways to grab the opponent with an open hand. Blocking with a hand-blade is intended for grabbing the opponent; so the blocking may be continued with an attack.

The training of Taegeuk 4 Jang shows that Taekwondo techniques include grabbing, bending and throwing as well as other chigi, makgi, chigi and etc.

태극4장 품새풀이 Taegeuk 4 Jang Poomsae application

태극4장	품명	품새풀이
1번	거들어 손날 바깥막기→편손끝세워찌르기	① 상대가 두 번 지르기 중 최초공격인 몸통지르기를 거들어 손날 바깥막기로 막는다. ② 두 번째 들어오는 마지막 공격을 막은 왼손으로 다시 걷어막기로 막아내며 상대의 옆구리를 편손끝세워찌르기로 마무리한다.
2번	제비품목치기→앞차고 몸통지르기	① 얼굴지르기로 공격하는 것을 제비품목치기로 막고 친다. ② 막고 치는 동시에 앞차고 몸통지르기로 마무리한다.
3번	옆차고→옆차고→거들어 손날 바깥막기	① 겨루기자세로 옆차고 옆차기를 한다. ② 옆차기를 모두 피하고 오른 몸통지르기로 공격한다. ③ 거들어 손날바깥막기로 막는 동시에 손목 잡아 돌리며 팔꿈치를 손날로 누르며 제압한다.

4번	몸통바깥막기→ 앞차고 몸통막기	① 몸통지르기를 바깥막기로 방어 후 앞차기로 공격을 하였으나 실패하고 반격으로 다시 앞차기가 들어올 때 몸통안막기로 막아내며 두 번 지르기로 막아낸다.
5번	몸통막기→두 번 지르기	① 몸통지르기를 몸통막기로 신속하게 막는다. ② 두 번 지르기로 마무리한다. 막아내고 연결되는 공격은 특성상 빠르게 한 호흡으로 해야 한다. 상대가 언제 어느 때 반격을 할지 모르기 때문이다.

태극4장 품새풀이 Taegeuk 4 Jang Poomsae application

Taegeuk 4 Jang	Name of a form	Poomsae application
No.1	geodeuro sonnal bakkat-makgi→ pyeon-sonkkeut-sewo-jjireugi	① Block the opponent's first momtong-jireugi with a left sonnal-makgi ② Block the second momtong-jireugi with a left geodeo-makgi and deliver a pyeon-sonkkeut-sewo-jjireugi
No.2	jebipum-mok-chigi→ ap-chago momtong-jireugi	① Block the opponent's eolgul-jireugi with a jebipum-mok-chigi and deliver a chigi ② At the same time deliver a momtong-jireugi
No.3	yeop-chago→yeop-chago →geodeuro sonnal bakkat-makgi	① Do a yeop-chigi and a yeop-chigi with a georugi stance ② Avoid yeop-chigi and deliver a momtong -jireugi ③ As you defend with a geodeuro sonnal-bakkat-makgi, grab and trun the opponent's wrist and press his elbow with a hand blade.
No.4	momtong-bakkat-makgi→ ap-chago momtong-makgi	① Defend from the opponent's momtong-jireugi with a bakkat-makgi and attack with an ap-chigi. When the opponent counterattacks with an ap-chigi, block it with a momtong-an-makgi and deliver a dubeon jireugi
No.5	momtong-makgi→ dubeon jireugi	① Quickly block the opponent's momtong-jireugi with a momtong-makgi ② Finish it with a dubeon jireugi. When performing a consecutive movements, do it in one breath in order to prevent a counterattack.

태극4장 품새풀이 1번: 손날막고 손끝 세워 찌르기 1단계
Taegeuk 4 Jang poomsae application No.1 step 1: sonnal-makgo sonkkeut sewo jjireugi

"준비" 기합

상대가 두 번 지르기 중 최초공격인 몸통지르기를 거들어 손날막기로 막는다.

두 번째 들어오는 마지막 공격을 막은 왼손으로 다시 걷어막기로 막아내며 상대의 옆구리를 편손끝 세워 찌르기로 마무리한다.

"Junbi" kihap

Block the opponent's first momtong-jireugi with a left sonnal-makgi.

Block the opponent's second momtong-jireugi with a left geodeo-makgi and deliver a pyeon-sonkkeut sewo jjireugi to the side of the opponent.

태극4장 품새풀이 1번 숙련과정: 손날막고 손끝 세워 찌르기 2단계
Taegeuk 4 Jang poomsae application No.1 step 2 advanced: sonnal-makgo sonkkeut sewo jireugi

"준비" 기합

상대의 두 번 지르기를 손날막고 막은 손으로 재빠르게 걷어 막으며 손끝찌르기한다.

(명치, 눈, 목젖, 대동맥)

"Junbi" kihap

Block the opponent's dubeon jireugi with a sonnal-makgi and do a geodeo-makgi. Deliver a sonkkeut-jjireugi.

(solar plexus, eyes, Adam's apple, aorta)

태극4장 품새풀이 2번: 제비품목치고 앞차고 몸통지르기 1단계
Taegeuk 4 Jang poomsae application No.2 step 1: jebipum-mok-chigo ap-chago momtong-jireugi

"준비" 기합

얼굴지르기로 공격하는 것을 제비품목치기로 막고 친다. 상대와의 거리가 가까워질 수 있으니 거리 조절에 신경 쓴다. 막고 치는 동시에 앞차고 몸통지르기로 마무리한다.

"Junbi" kihap

Block the eolgul-jireugi and attack the opponent with a jebipum-mok-chigo. Avoid getting too close to the opponent. Do an ap-chigi and finish it with a momtong-jireugi.

태극4장 품새풀이 2번 숙련과정: 제비품목치고 앞차고 몸통지르기 2단계
Taegeuk 4 Jang poomsae application No.2 step 2 advanced: jebipum-mok-chigo ap-chago momtong-jireugi

상대가 얼굴지르기로 공격할 때 제비품목치기로 공격과 방어를 동시에 한다. 이어서 앞차기로 공격하지만, 상대가 뒤로 빠졌다 오른 얼굴지르기로 공격한다. 흘려 피하기로 피하며 동시에 지르기(돌려지르기)로 마무리한다.

When the opponent attacks with an eolgul-jireugi, defend and attack with a jebipum-mok-chigi and deliver an ap-chigi. The opponent will avoid the attack and will deliver an oren eolgul-jireugi. Evade the attack with a heulryeo pihagi and at the same time finish it with a dollyeo-jireugi.

태극4장 품새풀이 3번: 옆차고, 옆차고 손날 막기 1단계
Taegeuk 4 Jang poomsae application No.3 step 1: Yeop-chago yeop-chago sonnal-makgi

"준비" 기합

옆차기를 2번 공격한다. 그러나 상대가 미리 피한다.

옆차기를 피하고 오른 몸통지르기로 반격한다. 거들어 손날바깥막기로 막는 동시에 손목을 잡는다. 팔꿈치를 손날로 누르며 제압한다.

"Junbi" kihap

Deliver yeop-chigi twice, but the opponent avoids them.

The opponent avoids the yeop-chigi and counterattacks with a momtong-jireugi. Defend with a geodeuro sonnal-bakkat-makgi and grab the opponent's wrist. Press his elbow with a sonnal.

팁 TIP

이 기술의 전개는 품새풀이 1단계와 실전풀이인 2단계와 크게 다르지 않기 때문에 2단계를 생략했다.
The step 2 is omitted since it is similar with the step 1.

태극4장 품새 풀이 4번: 바깥막고 앞차고 몸통막기 1단계
Taegeuk 4 Jang poomsae application No.4 step 1: bakkat-makgi ap-chago momtong-makgi

"준비" 기합

몸통지르기를 바깥막기로 방어한다. 앞차기로 공격을 하지만 상대가 막아내고 앞차기로 반격을 할 때 몸통막기로 막아내며 몸통지르기로 마무리한다.

"Junbi" Kihap

Defend from the opponent's momtong-jireugi with a bakkat-makgi and attack with an ap-chigi. The opponent blocks it and counterattacks with an ap-chigi. Block the ap-chigi with a momtong-makgi and finish with a momtong-jireugi.

태극4장 품새풀이 4번 숙련과정: 바깥막고 앞차고 몸통막기 2단계
Taegeuk 4 Jang poomsae application No. 4 step 2 advanced: bakkat-makgi momtong-makgi

"준비" 기합

바깥막기로 방어할 때 보조 손의 팔꿈치는 땅을 향하고 주먹은 턱밑에 위치한다. 앞차기로 공격을 하지만 상대가 미리 알고 피한다. 피한 후 지르기로 공격해 들어올 때 몸통막기로 막아내며 동시에 상대의 늑골을 공격한다.

"Junbi" Kihap

When using a bakkat-makgi, the elbow of the assisting hand should head downward and the jumeok should be placed under the your chin. Attack with an ap-chigi, but the opponent avoids it. When the opponent counterattack with a ireugi, defend with a momtong-makgi and attack the opponent's ribs.

막고 지르기 실전연습
Makgo jireugi actual fight training

킥 미트로 동시에 치는 훈련을 한다.
Practice a makgo jireugi using a kick mitt. The makgi and the jireugi should be delivered at the same time.

호구를 입고 직접 타격하는 감각을 익혀본다.
Wear a protective gear and try actually hitting it. Learn what it feels like to hit.

태극4장 품새풀이 5번: 몸통막고 두 번 지르기 1단계
Taegeuk 4 Jang poomsae application No.5 step 1: momtong-makgo dubeon jireugi

"준비" 기합

몸통지르기를 몸통안막기로 신속하게 막고 두 번 지르기로 마무리한다. 막고 연결되는 공격은 특성상 빠르게 한 호흡으로 해야 한다. 상대가 언제 어느 때 반격을 할지 모르기 때문이다. (동시 공격)

"Junbi" kihap

Quickly defend from the opponent's momtong-jireugi with a momtong-an-makgi and finish it with a dubeon jireugi. Consecutive movements should be delivered in one breath since no one knows when the opponent will attack.

태극4장 품새풀이 5번 숙련과정: 몸통막고 두 번 지르기 2단계
Taegeuk 4 Jang poomsae application No.5 step 2 advanced: momtong-makgo dubeon jireugi

팁 TIP

지르기 대신 팔뚝으로 상대의 관절을 치거나 등주먹을 안쪽으로 파고 들어 공격할 수 있다.
Instead of delivering a jireugi, you may hit the opponent's joint with your forearm or attack with a deungjumeok.

손끝 훈련법 sonkkeut training

찌르기는 손끝과 같이 면적이 좁은 부위를 활용해서 상대방의 급소에 강한 충격을 전달할 수 있는 기술이다. (태권도 기술 용어집 국기원 2010)이라고 정의했는데 손끝의 단련은 말초신경은 죽이는 단련을 지속적으로 해야 해서 상당한 고통이 따른다.

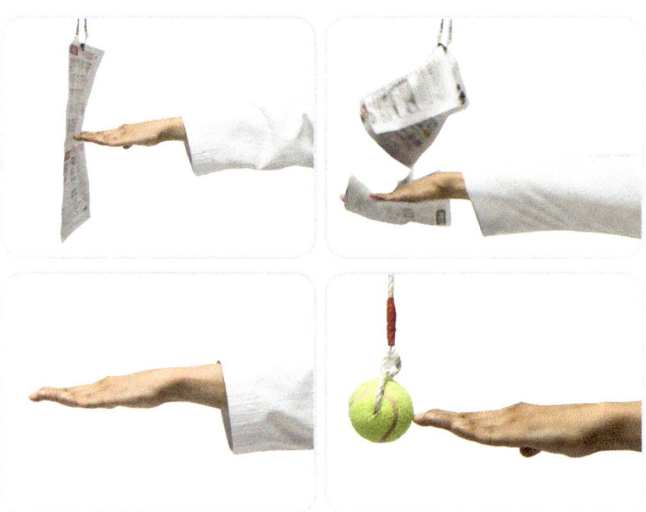

찌르기의 종류에는 세운편손끝, 엎은편손끝, 젖힌편손끝, 가위손끝, 한손끝, 모은 두 손끝, 모은 세 손끝, 모듬 손끝찌르기가 있는데 격파는 주로 세운편손끝이나 엎은편손끝을 주로 많이 사용한다. 가장 먼저 스피드를 기르기 위해 신문지로 뚫기를 먼저 한다. 이것이 숙련되면 테니스공으로 수련한다. 쌀, 콩, 모래 등으로 서서히 올라가며 단련한다.

A jireugi is a skill which uses narrow areas of the body such as a finger tip in order to deliver a strong impact on the vitals of the opponent. (Taekwondo technique terminology Kukkiwon 2010) Training a sonkkeut takes a lot of effort and patience since it requires a continuous training that kills peripheral nerves.

A jireugi may be applied with various sonkkeuts: sewun pyeonsonkkeut, upeon pyeonsonkkeut, jeochin pyeonsonkkeut, kawisonkkeut, hansonkkeut, moundusonkkeut, and mounsesonkkeut. For Gyeokpa, a sewun pyeonsonkkeut is used most often.

In order to increase the speed of jjireugi, try penetrating a piece of newspaper with a sonkkeut. When you become adept at it, train with a tennis ball, a grain of rice or a piece of bean as you get better.

포인트 POINT

- 태극4장은 손날의 기술이 많이 들어가 있다. 태극4장에서는 잡아내는 훈련을 하는 것도 중요한 포인트다.

Taegeuk 4 Jang contains many sonnal techniques. Practicing grabbing is also an important point of training Taegeuk 4 Jang.

- 태극3장에서 수련했던 막고 지르기의 방(防), 공(攻) 수련법을 반복하여 수련한다.

Review the machuo gyeorugi of Taegeuk 3 Jang and practice it repeatedly.

- 틀린 동작을 다시 살펴보고 서기의 자세가 흐트러지지 않도록 주의한다.

Review the wrong movements and watch out for stances.

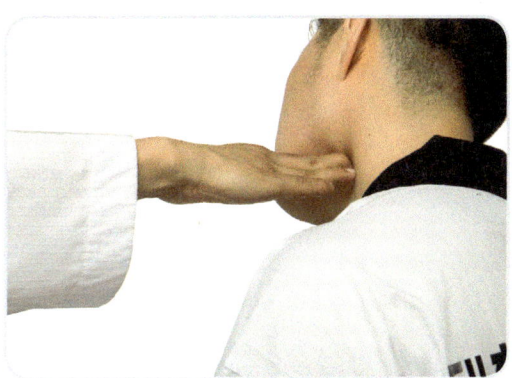

생각해보기 Let's think 지도, 교수법 예시안 an example of teaching methods

단계 Step	학습 요소 Learning elements	교수·지도 활동 Instruction	시간 Duration	주의사항 Caution
1단계 Step 1				
2단계 Step 2				
3단계 Step 3				
4단계 Step 4				

생각해보기 Let's think 심사평가표, 또는 동료 평가표 an evaluation form or a peer evaluation form

평가 항목 Evaluation entry	상(3점) Good(3)	중(2점) Fair(2)	하(1점) poor(1)	계 Number	느낀 점(예시) Notes(ex:)
품새풀이의 이해도 Understanding of the poomsae application					
정확성 Accuracy					
힘의 강, 유 Power control					
속도의 완, 급 Speed control					
중심이동 Shifting balance					
시선 Gaze					
합 계 total					

승급심사 때 이 평가표를 활용하고 동료 평가표로 활용할 때는 꼭 느낀 점을 써서 서로 공유한다.
Use this evaluation form in Taekwondo advancement tests, and when evaluating peers, write down feedbacks and share with them.

오늘도 수련했는가?
Did you practice today?

태극5장
Taegeuk 5 Jang

1단계 STEP

품새풀이 1단계 : 품새동작의 의미를 알아가는 정형화 되어 있는 과정.
Poomsae application step 1 : a systemized training course through which trainees learn the meanings of each movement.

2단계 STEP

품새풀이 2단계 숙련과정 : 품새풀이 과정을 좀 더 사실적이고 실전에서 사용할 수 있는 응용동작.
Poomsae application step 2 advance : a course through which trainees learn how to use the poomsae application in real fights.

태극5장 Taegeuk 5 Jang

Ⅲ. 유급자 품새풀이 Kup-grade Peoomsae application

5. 태극5장 품새
Taegeuk 5 Jang poomsae

태극5장 기법 Teachiniques of Taegeuk 5 Jang

태극5장은 힘의 강약을 조절할 수 있는 수련 단계라 할 수 있다. 특히 다양한 주먹 쓰기가 특징적으로 사용되며 방어가 곧 공격이라는 의미를 심어 주는 곳이 바로 태극5장이라고 말할 수 있다.

특징으로는 차기 뒤에 아래 막고 몸통막기를 하는 연속되는 동작과 뛰어 구르면서 치는 동작이 특수하고 표적치기 시에는 표적이 움직이지 않게 주의해야 한다.

Taegeuk 5 Jang training is focused on controling the amount of power in each movement including various usages of jumeok. From this training, trainees can understand that a defense is an attack.

Taegeuk 5 Jang is characterized by consecutive movements such as chago naeryeomakgo momtong-makgi and ap-chago pyojeok-chigi. The target should not move when doing a pyojeok-chigi.

동작 순서 및 분석(손기술, 발기술의 동작은 낱 동작을 기준으로 함)
The order of the movements and analysis

서기 Seogi	새로운 동작 New movements	교본 동작수 textbook number of movements	발기술 foot technique
왼, 오른 서기 앞굽이, 뒤꼬아서기, 뒷굽이 wen, oren-seogi, apgubi, dwikkoa-seogi, dwigubi	메주먹내려치기, 팔꿈치돌려치기, 메주먹옆치기, 팔굽표적치기 mejumeok-naeryeo-chigi, palgup-dollyeop-chigi, mejumeok-yeop-chigi, palgup-pyeojeok-chigi	20	6

태극5장 기법 Teachniques of Taegeuk 5 Jang

태극5장은 유급자 품새 중 팔 쓰기, 특히 다양한 치기와 주먹의 사용법을 익히는 난이도가 높은 품새이다. 팔 쓰기에는 위에 아래, 직선, 회전, 안에서 밖으로, 밖에서 안으로가 있고 치기는 메주먹 내려치기, 등주먹 앞치기, 팔굽 돌려치기 등 주먹 사용법을 익히는 과정이다. 또 5장은 공격적인 동작으로 되어 있고 큰 동작이 많기 때문에 몸을 쓰는 동작을 크게 수련하는 데 적합하다. 앞굽이 아래막고 앞발 당겨 메주먹 내려치는 동작은 중심의 높낮이가 변화되는 동작으로 구성되어 있고 이는 몸의 중심을 낮추었다가 다시 일어설 수 있는 동작 즉 중심의 수직 이동을 배우는 것이다. 손날 막는다는 것은 쳐내거나 잡아당기거나 비틀거나 하여 팔굽돌려치기로 연결하는 실전적인 동작이라고 할 수 있다.

그리고 팔을 2번 연속해서 쓰는 동작도 나오는데 이 동작은 상대의 주먹 공격이 들어오는 것은 막아내는 역할뿐 아니라 공격해 들어오는 팔을 동시에 막아내어 부러트리는 기법이 숨어져 있다. 그러나 가장 중요한 것은 한 품에서 두 동작을 사용하는 방법 즉 연속동작을 몸 밖에서 안으로 사용하는 기법을 익혀가는 과정이다.

Taegeuk 5 Jang is a advanced level poomsae consist of various arm and jumeok usages specially chigi. The arm usages include up, down, straight, turn, inside to outside, and outside to inside. The chigi is a process of learning jumeok usages and the technique includes mejumeock-naeryeo-chigi, deungjimeok-ap-chigi, palgup-dollyeo-chigi and etc. Taegeuk 5 Jang also have attacks and big movements which will help training one's body.

The consecutive movements of apgubi-naeryeo-makgo apbal-danggyeo mejumcock-naeryeochigi requires trainees to shift the height of the balance. It is to learn the vertical shift of the balance. A sonnal-makgi is a movement that connects between defense and offense movements, for instant, a push or a pull can be continued with movements such as a biteulgi and a palgup dollyeochigi.

There are also arm movements that one has to move the arms twice, consecutively.

These movements are not only meant to block the opponent's jumeok attack, but also to break the arms of the opponent. However, the most important point is to learn how to perform two movements within one form. In other words, it is to learn how to use the body from the inside toward the outside.

태극5장 주요 품새풀이 Taegeuk 5 Jang Major poomsae application

태극5장 Taegeuk 5 Jang	품새풀이 Poomsae application
1번 No.1	아래막기→메주먹 내려치기 naeryeo(area)-makgi→mejumeok naeryeo-chigi
2번 No.2	몸통막고 몸통막기 momtong-makgo momtong-makgi
3번 No.3	앞차고 등주먹 앞치고 몸통막기 ap-chago deungjumeok ap-chigo momtong-makgi
4번 No.4	한손날 바깥막기→팔굽 돌려치기 hansonnal bakkat-makgi→palgup dollyeo-chigi
5번 No.5	얼굴막기→옆차고 팔굽치기 ollyeo(eolgul)-makgi→yeop-chago palgup-chigi

태극5장 품새풀이 Taegeuk 5 Jang Poomsae application

태극5장	품명	품새풀이
1번	아래막기→메주먹 내려치기	① 상대가 앞차기로 공격해 들어오는 것을 아래막기로 막는다. ② 두 번째 들어오면서 어깨를 잡으려고 할 때 재빨리 앞굽이를 앞서기로 물러 디디며 메주먹 내려치기를 한다. (메주먹 내려치기처럼 팔을 꺾을 수도 있다.)
2번	몸통막고 몸통막기	① 상대가 두 번 지르기로 공격하는 것은 재빨리 몸통막기로 막는다. (한 번 지르기를 할 경우 몸통막기를 동시에 막아 막아내며 동시에 팔을 부러트리는 기법도 있다.)

3번	앞차고 등주먹 앞치기	① 앞차고 등주먹치기를 했지만, 상대가 등주먹치기를 피하며 몸통 지르기로 공격해 들어온다. point : 등주먹앞치기는 스냅으로 공격한다. ② 몸통막기로 막음과 동시에 지르기로 마무리 한다.
4번	한손날 바깥막기→ 팔굽 돌려치기	① 상대가 몸통지르기로 공격해 오는 것을 한손날바깥막기로 막아낸다. ② 막아낸 손을 잡아끌면서 팔굽치기로 마무리 한다. 이 동작은 잡아끌면서 하는 동작이므로 서기의 변화가 많지 않다.
5번	얼굴막기→옆차고 팔굽치기	① 상대가 얼굴지르기로 들어오는 것을 얼굴막기로 막아낸다. ② 얼굴막기로 막아내는 동시에 옆차기로 상대를 공격하고 찬 발이 떨어지면서 바로 팔굽치기로 마무리한다.

Taegeuk 5 Jang	Name of a form	Poomsae application
No.1	naeryeo(area)-makgi→ mejumeok naeryeo-chigi	① Block the opponent's ap-chigi with a naeryeo-makgi ② when the opponent tries to grab your shoulder, quickly move back as you change an apgubi to an ap-seogi and do a mejumeok naeryeo-chigi simultaneously. (you can bend the elbow like a mejumeok naeryeo-chigi)
No.2	momtong-makgo momtong-makgi	① Quickly, block the opponent's dubeon jireugi with a momtong-makgi (If the opponent delivers just a jireugi, there is a technique that one can break the opponent's arm as one blocks it.)
No.3	ap-chago deungjumeok ap-chigi	① Deliver an ap-chago deungjumeok-chigi. The opponent avoids the attack and delivers a momtong jireugi. point : Use a snap when doing the deungjumeok-ap-chigi ② Do a momtong-makgi and a jireugi at the same time.
No.4	hansonnal bakkat- makgi→palgup dollyeo-chigi	① Block the opponent's attack with a hansonnal bakkat-makgi. ② Pull the opponent's arm and finish it with a palgup-chigi. The difference in seogi is not much here since the movement is a pulling.
No.5	ollyeo(eolgul)-makgi→ yeop-chago palgup-chigi	① Block the opponent's ollyeo-jireugi with an ollyeo-makgi ② Block with an ollyeo-makgi as delivering a yeop-chigi to the opponent. As the foot comes down to the ground, finish the movement with a palgup-chigi.

태극5장 품새풀이 1번: 아래막기→메주먹 내려치기 1단계
Taegeuk 5 Jang poomsae application No.1 step 1: naeryeo(area)-makgi→mejumeok naeryeo-chigi

　"준비" 기합

앞차기를 뒤로 물러 디디며 아래막기로 막아내며 메주먹 내려치기를 한다. 메주먹 내려치기는 어깨를 가격하기도 하고 손목을 가격하기도 하고 팔굽을 가격해도 제압을 할 수 있다.

　"Junbi" kihap.

Step back from the opponent's ap-chigi and block it with an mejumeok naeryeo-chgi. Deliever a mejumeok naerye-ochgi. The jumeok may strike the shoulder or the wrist or the elbow.

태극5장 품새풀이 1번 숙련과정: 아래막기→메주먹 내려치기 2단계
Taegeuk 5 Jang poomsae application No.1 step 2 advanced: naeryeo(area)-makgi→mejumeok naeryeo-chigi

"준비" 기합

앞차기를 뒤로 물러 디디며 아래막기로 막아내며 매주먹 내려치기를 한다. 메주먹은 정수리 인중 명치 등 다양한 곳을 공격할 수 있다.

"Junbi" Kihap

Step back from the opponent's ap-chigi and block it with an mejumeok naeryeo-chgi. Deliever a mejumeok naeryeochgi. The mejumeok may strike different areas such as the philtrum, the solar plexus and etc.

태극 5장 품새풀이 2번 : 몸통막고 몸통막기 1단계
Taegeuk 5 Jang poomsae application No.2 step 1: momtong-makgo momtong-makgi

"준비" 기합

몸통 안막기로 막아낸다. 다시 몸통막기로 막아낸다. 이 동작을 재빠르게 해서 상대의 팔굽을 부러트리는 기법으로도 사용한다. 다시 말해서 방어이면서 상대의 팔에 치명상(골절)을 줄 수 있는 공격기법이기도 한 것이다.

"Junbi" Kihap.

Defend yourself from the attack with a momtong an-makgi. Do another momtong-makgi with the other arm. This technique may break the opponent's elbow if used quickly. In other words, it is a defense as well as an offense.

태극5장 품새풀이 2번 숙련과정 : 몸통막고 몸통막기 2단계
Taegeuk 5 Jang poomsae application No.2 step 2 advanced: momtong-makgo momtong-makgi

상대의 지르기를 동시에 막아내며 골절을 시키는 무서운 기술이다.

It is a dangerous technique that blocks the opponent's attack and at the same time that can fracture the opponent's arm.

태극5장 품새풀이 3번 : 앞차고 등주먹 앞치고 몸통막기 1단계
Taegeuk 5 Jang poomsae application No.3 step 1: ap-chago deungjumeok ap-chigo momtong-makgi

앞차고 등주먹치기를 했지만, 한 길음 내디뎌 상대가 등주먹지기를 피하며 몸통 지르기로 공격해 들어온다. 재빨리 몸통막기로 막아내며 지르기로 마무리한다.

Deliever an ap-chago deunjumeok-chigi. The opponent avoids the attack and counterattacks with a jireugi. Quickly defend with a momtong-makgi and deliver a jireugi.

태극5장 품새풀이 3번 숙련과정: 앞차고 등주먹 앞치고 몸통막기 2단계
Taegeuk 5 Jang poomsae application No.3 step 2 advanced: ap-chago deungjumeok ap-chigo momtong-makgi

앞차기로 선제공격을 한 후 등주먹으로 바로 연결한다. 상대가 피하여 공격해 들어오는 것을 몸통막기로 막아내고 동시에 지르기 한다.

Make a preemptive attack with an ap-chigi and continue the attack with a deungjumeok. The opponent avoids the attack and come in with a jireugi. Block the attack with a momtong-makgi and deliver a jireugi.

태극5장 품새풀이 4번: 한손날 바깥막기→팔굽 돌려치기 1단계
Taegeuk 5 Jang poomsae application No.4 step 1: hansonnal bakkat-makgi→palgup dollyeo-chigi

몸통 지르기로 공격해 들어오는 것을 약간 대각선으로 빠지며 한손날막기로 막아낸다. 막아낸 손을 잡아끌면서 팔굽치기로 마무리한다.

Move diagonally in order to avoid the opponent's jireugi, and defend with a hansonnal-makgi. Pull the opponent's attacking hand and deliver a palgup-chigi.

태극5장 품새풀이 4번 숙련과정: 한손날 바깥막기→팔굽 돌려치기 2단계
Taegeuk 5 Jang poomsae application No.4 step 2 advanced: hansonnal bakkat-makgi→palgup dollyeo-chigi

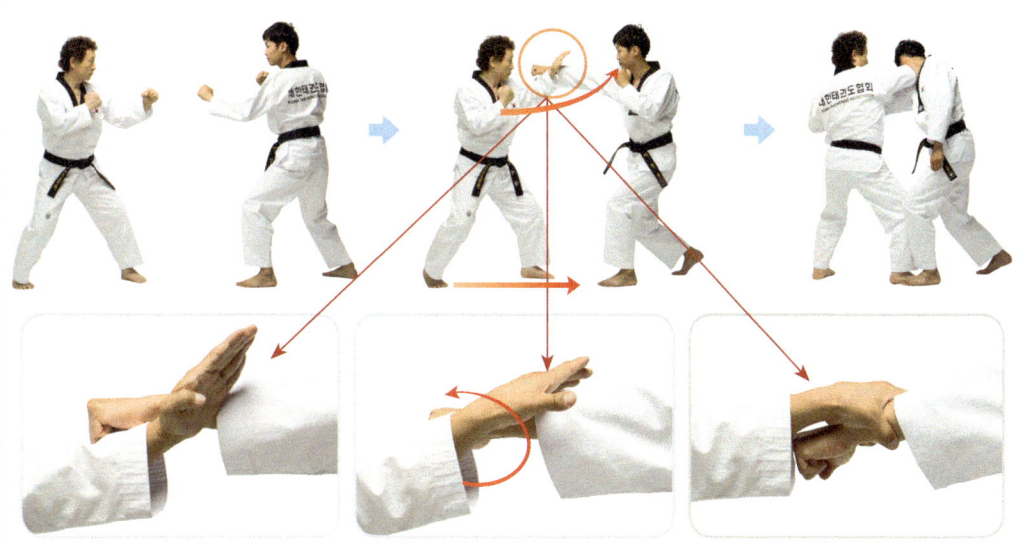

"준비" 기합

몸통 지르기로 공격해 들어오는 것을 약간 대각선으로 빠지며 한손날막기로 막아내고 동시에 팔굽치기를 한다. 일순간에 동시에 막고 돌려치는 것이므로 서기의 변화 없이 한다.

"Junbi" Kihap.

Move diagonally in order to avoid the opponent's jireugi, and defend with a hansonnal-makgi. Pull the opponent's attacking hand and deliver a palgup-chigi. There is no difference in the height, since the makgi and the chigi should happen simultaneously and instantly.

태극5장 품새풀이 5번: 얼굴막기→옆차고 팔굽치기 1단계
Taegeuk 5 Jang poomsae application No.5 step 1: Ollyeo(eolgul)-makgi→yeop-chago palgup-chigi

"준비" 기합

상대가 얼굴지르기로 지르는 것을 얼굴 막기로 막아내며 동시에 옆차기로 무릎 관절이나 명치 등 거리에 알맞게 찬다. 옆차기 찬 발을 앞쪽으로 디디며 상대의 옷이나 몸통을 잡고 팔굽치기로 마무리한다.

"Junbi" Kihap

Block the opponent's ollyeo-jireugi with a ollyeo-makgi, and at the same time deliever a yeop-chigi aimimg at the knee joint or the solar plexus. Put the foot down in front after the yeop-chigi, grab the clothes or momtong of the opponent, and deliver a palgup-chigi.

태극5장 품새풀이 5번 숙련과정: 얼굴막기→옆차고 팔굽치기 2단계
Taegeuk 5 Jang poomsae application No.5 step 2 advanced: Ollyeo(eolgul)-makgi →yeop-chago palgup-chigi

"준비" 기합

준비자세에서 겨루기 자세로 공격자가 전환한다.

얼굴지르기로 지르는 것을 얼굴 막기로 막아내며 동시에 옆차기로 무릎 관절이나 명치 등 거리에 알맞게 찬다.

옆차기 찬 발을 앞쪽으로 디디며 상대의 옷이나 몸통을 잡고 팔굽치기로 마무리한다.

"Junbi" Kihap.

Block the opponent's ollyeo-jireugi with an ollyeo-makgi, and at the same time deliver a yeop-chigi aiming at the knee joint or the solar plexus. Put the foot down in front after the yeop-chigi, grab the clothes or momtong of the opponent, and deliver a palgup-chigi.

생각해보기 Let's think 지도, 교수법 예시안 an example of teaching methods

단계 Step	학습 요소 Learning elements	교수·지도 활동 Instruction	시간 Duration	주의사항 Caution
1단계 Step 1				
2단계 Step 2				
3단계 Step 3				
4단계 Step 4				

생각해보기 Let's think 심사평가표, 또는 동료 평가표 an evaluation form or a peer evaluation form

평가 항목 Evaluation entry	상(3점) Good(3)	중(2점) Fair(2)	하(1점) poor(1)	계 number	느낀 점(예시) notes(ex:)
품새풀이의 이해도 Understanding of the poomsae application					
정확성 Accuracy					
힘의 강, 유 Power control					
속도의 완, 급 Speed control					
중심이동 Shifting balance					
시선 Gaze					
합 계 total					

승급심사 때 이 평가표를 활용하고 동료 평가표로 활용할 때는 꼭 느낀 점을 써서 서로 공유한다.
Use this evaluation form in Taekwondo advancement tests, and when evaluating peers, write down feedbacks and share with them.

태권도 배우는 수련생은 태권도 인성교육이 필수!
Personality education is a necessity for
Taekwondo trainess.

태극6장
Taegeuk 6 Jang

| **1단계 STEP** | **품새풀이 1단계** : 품새동작의 의미를 알아가는 정형화 되어 있는 과정.
Poomsae application step 1 : a systemized training course through which trainees learn the meanings of each movement |

| **2단계 STEP** | **품새풀이 2단계 숙련과정** : 품새풀이 과정을 좀 더 사실적이고 실전에서 사용할 수 있는 응용동작.
Poomsae application step 2 advance : a course through which trainees learn how to use the poomsae application in real fights.

| 태극6장 | Taegeuk 6 Jang |

Ⅲ. 유급자 품새풀이 Kup-grade Peoomsae application

6. 태극6장 품새
Taegeuk 6 Jang poomsae

태극6장 Taegeuk 6 Jang

태극6장은 비틀기가 나오고 처음으로 뒤로 물러나는 딛기(보법)를 사용한다.

Taegeuk 6 Jang introduces a biteurgi and a mulleo-ditgi for the first time.

서기 Seogi	새로운 동작 New movements	교본 동작수 Textbook number of movements	발기술 Foot technique
앞굽이, 뒷굽이, 나란히 서기 apgubi, dwigubi, narani seogi	한손날비틀어막기, 돌려차기, 얼굴바깥막기, 아래헤쳐막기, 바탕손 몸통막기 hansonnal-biteuro-makgi, dollyeo-chigi, eolgul-bakkat-makgi, area-hecheo-makgi, batangson momtong-makgi	19	8

태극6장 기법 techniques of Taegeuk 6 Jang

태극6장은 상대의 힘을 역이용하거나 흘려보내 상대의 중심을 잃게 하는 기법을 이해하는 과정이다. 한손날비틀어막기, 바탕손막기, 뒤로 물러 디디며 손날막기 등은 걷어 막기와 받아막기[1] 등으로 활용하는 동작이다. 상대의 공격을 나의 작은 힘으로 방향을 바꿔 역습하는 기법을 이해하는 데 수련의 목적이 있다.

또한, 비틀어 막고 돌려차기의 연결을 통해 상체(당기는 작용)와 하체(돌려차기 당기는 팔의 작용에 의한 반작용)의 유기적 힘의 작용을 이해한다.

1~5장까지의 딛기는 모두 앞으로 전진이었다. 그러나 태극6장은 처음으로 뒤로 물러나며

---

1) 상대방의 공격을 손이나 발로 받으며 충격을 완화하는 기술. 상대방이 공격하여 올 때 자신의 몸을 공격의 진행 방향 그대로 완충적으로 흡수함으로써 몸에 대한 충격과 통증을 완화하는 기술이다.

막아내는 기술이 나온다. 뒤로 물러 딛기는 중심이동과 방향 전환(돌기)를 연습하는 필수적 동작이다. 뒤로 물러 디딜 때 중심이 뒤쪽으로 자연스럽게 이동하는 기법과 돌기를 몸에 익히는 과정이다.

또 한손날비틀어막기는 실전의 막기에서도 많이 사용되는 기술이다. 날아오는 주먹을 쳐내고 걷어내고 받아내고 잡아끌 때 이 기술을 쓰기 때문이다. 비틀어 막기는 많은 응용동작으로 파생될 수 있다. 쳐막기, 흘려막기, 걷어막기, 잡아내기, 등 다양하게 변할 수 있는 동작이다.

태극6장의 2단락 비틀어 얼굴 바깥막기 그리고 두 번째 동작 얼굴 돌려차기 이 동작은 굉장히 어렵게 막는 동작이고 기술적으로도 수준이 높은 동작이다. 특히 상대를 잡아채는 기술은 정말 일품이다. 얼굴 돌려차기보다는 몸통돌려차기나 아래돌려차기가 유급자들에게는 쉽게 배울 수 있다. 효과적인 면에서 본다면 아래돌려차기가 가장 실전에 효과적이라 할 수 있겠다.

느린 동작이 처음 나오는데 태권도 품새에서 느린 동작은 호흡과 관계가 깊다.

아래 해쳐막기는 천천히 호흡조절을 하면서 시선은 수평으로 온 주위를 주시하면서 위엄있는 태도로 행한다고 기술되어 있다. 이처럼 태극6장은 호흡에 대한 것을 처음 언급하는 단계이니만큼 느린 동작을 할 때 어떻게 호흡하고 어떠한 기준으로 동작과 호흡을 일치시킬 수 있을지는 좀 더 많은 연구가 필요하다.

Taegeuk 6 Jang is a course of understanding how to take advantage of the force of the opponent and understanding how to let go of the force so that the opponent lose the balance. Movements such as a hansonnal-biteuro-makgi, a batangson-makgi, a step back sonnal-makgi, and etc can be used as a geodeo-makgi and a bada-makgi[1] It is to understand how to change the direction of the opponent's force with one's little power and how to counterattack. Through the consecutive movements of biteuro-makgo dollyeo-chigi, one understands the systematic relationship between the upper body(pull) and the lower body(Dollyeo-chigi as a reaction to the pull).

Taegeuk 1~5 Jang's ditgis were all going forward. However, Taegeuk 6 Jang introduces a stepping back and makgi technique for the first time. A mulleo-ditgi is an essential movement that trains balance shifting and direction changing(turn). It is a course of getting used to shifting the balance smoothly to the back as one steps backward.

A hansonnal biteuro-makgi is a technique used often when defending in the real fights. It is used when pushing or clearing away, and pulling the coming -jireugi. Biteuro-makgi can be applied in various movements and create derivative movements such as a cheo-makgi, a heulryeo-makgi, a geodeo-makgi and a japanaegi.

Taegeuk 6 Jang's second phase, biteuro-eolgul-bakkat-makgi, and the second movement, eolgul-dollyeo-chigi, are advanced techniques that are hard to be adept at. Especially, defending with a biteuro-makgi and grabbing the opponent is such a great consecutive movement.

For kup-grade trainees, momtong-dollyeo-chigi and area-dollyeo-chigi would be easier than eolgul-dollyeo-chigi, and area-dollyeo-chigi woule be most effective in real fights.

A slow movement appears for the first time in Taegeuk 6 Jang as well. In Taekwondo poomsae slow movements are deeply related with breathing. For instance, it is written 'when doing the area-heacheo-makgi, breath slowly, look toward the horizon dignifiedly while being attentive at the surroundings.' As above, breathing is mentioned for the first time in Taegeuk 6 Jang. Therefore, one needs to study how to breath when doing slow movements and how to unify the breathing with the movements.

태극6장 주요 품새풀이 Taegeuk 6 Jang major poomsae application

태극 6장 Taegeuk 6 Jang	품새풀이 Poomsae application
1번 No.1	아래막기→앞차고 몸통 바깥막기 naeryeo(area)-makgi→ap-chago momtong bakkat-makgi
2번 No.2	한손날 비틀어 얼굴막기→돌려차기(얼굴, 몸통, 아래) hansonnal biteuro eolgul-makgi→dollyeo-chigi(eolgul, momtong, area)
3번 No.3	손날막기→손날막기→바탕손막고 몸통지르기 sonnal-makgi→sonnal-makgi→batangson-makgo momtong-jireugi

태극6장 품새풀이 Taegeuk 6 Jang poomsae application

태극6장	품명	품새풀이
1번	아래막기→앞차고 몸통바깥막기	① 상대가 앞차기로 공격해 들어오는 것을 아래막기로 막는다. ② 상대를 앞차기로 공격했으나 피하며 반격하여 주먹지르기로 들어오는 것을 바깥막기로 막아내고 무릎차기로 마무리한다.
2번	한손날 비틀어 얼굴막기→ 돌려차기(얼굴, 몸통, 아래)	① 비틀어 막기로 주먹지르기를 막아낸다. ② 손을 펴는 것은 잡기위한 의도가 매우 강하다. 지금의 동작도 비틀어 막으며 바로 잡아내어 돌려차기로 마무리한다.
3번	손날막기→손날막기→ 바탕손 막고 몸통지르기	① 상대가 돌려차기로 들어오는 것을 뒤로 물러나며 손날막기로 막아낸다. 뒤로 이동하는 것은 매우 어려운 동작이고 손날을 막을 때 손가락의 부상이 있을 수 있으니 조심한다. ② 손날막기 뒤 다시 바탕손 막기로 막고 연결하여 몸통지르기로 마무리한다.

Taegeuk 6 Jang	Forms	Poomsae application
No.1	naeryeo(area)-makgi→ ap-chago momtong bakkat-makgi	① When the opponent attacks with an ap-chigi, defend from it with a naeryeo-makgi ② Attack the opponent with an ap-chigi. The opponent avoids it and counterattacks with a jumeok-jireugi. Defend with a bakkat-makgi and deliver a mureup-chigi.
No.2	hansonnal biteuro eolgul-makgi→dollyeo-chigi(eolgul, momtong, area)	① Defend from the opponent's jumeok-jireugi with a biteuro makgi. ② An open hand is intended to grab the opponent. After the biteuro-makgi, grab the opponent and deliver a dollyeo-chigi.
No.3	sonnal-makgi→sonnal-makgi→batangson makgo momtong-jireugi	① When the opponent comes in with a dollyeo-chigi, take a step backward and defend with a sonnal-makgi. Be cautious since moving backwards is an advanced movement and one may hurt the finger when doing the sonnal-makgi. ② Defend with a sonnal-makgi, and a batangson-makgi. Consecutively, deliver a momtong-jireugi.

태극6장 품새풀이 1번: 아래막기→앞차고 몸통바깥막기 1단계
Taegeuk 6 Jang poomsae application No.1 step 1: naeryeo(area)-makgi→ap-chago momtong-bakkat-makgi

"준비" 기합

상대가 앞차기로 공격해 들어오는 것을 아래막기로 막는다.

상대를 앞차기로 공격했으나 피하며 몸통지르기로 반격하여 공격해 들어온다.

몸통지르기를 몸통바깥막기로 막아낸다.

"Junbi" Kihap

When the opponent attacks with an ap-chigi, defend from it with a naeryeo-makgi.

Attack the opponent with an ap-chigi. The opponent avoids it and counterattacks with a momtong-jireugi.

Defend from the momtong-jireugi with a momtong-bakkat-makgi.

태극6장 품새풀이 1번 숙련과정 : 아래막기→앞차고 몸통바깥막기 2단계
Taegeuk 6 Jang poomsae application No.1 step 2 advanced: naeryeo(area)-makgi→ap-chago momtong-bakkat-makgi

"준비" 기합
상대가 앞차기로 공격해 들어오는 것을 아래막기로 막는다.
상대를 앞차기로 공격했으나 피하며 몸통지르기로 반격하여 공격해 들어온다.
몸통지르기를 몸통바깥막기로 막아낸다.
바깥막기로 막아내는 동시에 상대의 옷이나 목덜미를 잡아당기며 무릎치기로 마무리한다.

"Junbi" Kihap

When the opponent attacks with an ap-chigi, defend from it with a naeryeo-makgi.

Attack the opponent with an ap-chigi. The opponent avoids it and counterattacks with a momtong-jireugi.

Defend from the momtong-jireugi with a momtong bakkat-makgi.

Pull the opponent's clothes or nape as you block with the bakkat-makgi and deliver a mureup-chigi.

팁 TIP

※ 잘못된 동작 Wrong movement

막기를 했을 때 보조손이 내려가는 동작

태극6장 품새풀이 2번: 손날 비틀어 얼굴막기→돌려차기(얼굴, 몸통, 아래) 1단계
Taegeuk 6 Jang poomsae application No.2 step 1: sonnal-biteuro-eolgul-makgi→dollyeo-chagi(eolgul, momtong, area)

"준비" 기합
얼굴 지르기로 공격해 오는 상대를 오른 비틀어 막기로 막아낸다.
얼굴돌려차기로 마무리한다.
"Junbi" Kihap
Defend yourself from the opponent's eolgu-jireugi with a oren biteuro makgi.
Deliver an eolgul-dollyeo-chagi.

tip) 아래, 몸통, 얼굴돌려차기를 찰 수도 있다.
An area or momtong-dollyeo chagi is also applicable.

태극6장 품새풀이 2번 숙련과정: 한손날 비틀어 얼굴막기→돌려차기 2단계 (얼굴, 몸통, 아래)
Taegeuk 6 Jang poomsae application No.2 step 2 advanced: hansonnal biteuro eolgul-makgi→dollyeo-chagi(eolgul, momtong, area)

"준비" 기합

자연스러운 동작으로 비틀어막기를 한다.

비틀어 막으며 바로 잡아내어 얼굴돌려차기로 마무리한다. 얼굴뿐 아니라 몸통이나 아래돌려차기로 마무리해도 효과적이다.

"Junbi" Kihap

Defend with a biteuro-makgi.

Grab the opponent as defending with the biteuro-makgi and deliver a eolgul-dollyeo-chagi. The chigi is also effective when it is delivered to momtong and area.

tip) 손을 펴는 것은 잡기위한 의도가 매우 강하다.

An open hand is intended to grab the opponent.

> 팁 TIP

※ 알아두기 Know this

돌려차기 훈련법 Dollyeo-chigi training

돌려차기는 다양한 훈련 방법이 있다. 여기서는 몇 가지만 소개할까 한다.

There are various training methods for dollyeo-chagi. Here are some of them.

1) 벽 잡고 돌려차기 Holding on to the wall

상체는 되도록 세우고 무릎을 바짝 접어서 돌려차기를 실시한다. 다리는 내리지 말고 한 발당 30회씩 3세트 이상 훈련한다.

Straighten the upper body and fold the knee and deliever a dollyeo-chagi. Do 30 times, 3 sets, each leg. During a set, the leg should not touch the ground.

2) 봉 잡고 돌려차기 Holding a bar

장봉을 잡고 중심잡기를 하면서 돌려차 펴기를 훈련한다. 30초 버티기를 3세트 이상 훈련한다.

Hold onto a long bar and practice dollyeo-chagi. Spread the leg and hold out for 30 seconds. Do this at least 3 sets.

태극6장 품새풀이 3번: 손날막기→손날막기→바탕손막고 몸통지르기 1단계
Taegeuk 6 Jang poomsae application No.3 step 1: sonnal-makgi→sonnal-makgi→batangson-makgo momtong-jireugi

"준비" 기합

상대가 돌려차기로 들어오는 것을 뒤로 물러나며 손날막기로 막아낸다.

뒤로 이동하는 것은 매우 어려운 동작이고 손날을 막을 때 손가락의 부상이 있을 수 있으니 조심한다.

다시 몸통지르기로 반격하는 것을 바탕손막기로 막아내며 동시에 몸통지르기로 마무리한다.

"Junbi" Kihap

When the opponent comes in with a dollyeo-chagi, take a step backward and defend with a sonnal-makgi.

Be cautious since moving backwards is an advanced movement and one may hurt the finger when doing the sonnal-makgi.

Defend with a sonnal-makgi, and a batangson-makgi. Consecutively, deliver a momtong-jireugi.

태극6장 품새풀이 3번 숙련과정: 손날막기→손날막기→바탕손막고 몸통지르기 2단계
Taegeuk 6 Jang poomsae application No.3 step 2 advanced: sonnal-makgi→sonnal-makgi→batangson-makgo momtong-jireugi

"준비" 기합

상대가 돌려차기를 손날로 막는 데 힘이 좋아서 밀고 들어 올 수 있으니 보조손을 꼭 같이 올리고 있어야 한다.

뒤로 이동하는 것은 매우 어려운 동작이고 손날을 막을 때 손가락의 부상이 있을 수 있으니 조심한다.

다시 몸통지르기로 반격하는 것을 바탕손막기로 막아내며 동시에 몸통지르기로 마무리한다.

"Junbi" Kihap

Have the assisting hand near the face in case the opponent's dollyeo-chigi is too strong to defend with a sonnal-makgi.

Be cautious since moving backwards is an advanced movement and one may hurt the finger when doing the sonnal-makgi.

Defend from the opponent's momtong-jireugi with a batangson-makgi. Consecutively, deliver a momtong-jireugi.

포인트 POINT

● 뒤로 이동하는 것이 6장에서 처음 나온다. 움직이는 방법을 기본동작에서 배웠지만, 다시 한 번 반복하여 수련해본다.

The backward step appeared for the first time in Taegeuk 6 Jang. Reveiw and practice the movement.

● 태권도 경기에서도 뒤로 이동하는 몸놀림은 좋은 득점 찬스로 이어진다.

In many cases in Taekwondo gyeorugi, backward steps lead to scoring.

● 손은 밑으로 내리지 말고 팔꿈치는 항상 땅을 향하게 해서 딛기를 한다.

Do not put the hands down, and the elbows should face the ground when doing a ditgi.

생각해보기 Let's think 지도, 교수법 예시안 an example of teaching methods

단계 Step	학습 요소 Learning elements	교수·지도 활동 Instruction	시간 duration	주의사항 caution
1단계 Step 1				
2단계 Step 2				
3단계 Step 3				
4단계 Step 4				

생각해보기 Let's think   심사평가표, 또는 동료 평가표 an evaluation form or a peer evaluation form

평가 항목 Evaluation entry	상(3점) Good(3)	중(2점) Fair(2)	하(1점) poor(1)	계 number	느낀 점(예시) notes(ex:)
품새풀이의 이해도 Understanding of the poomsae application					
정확성 Accuracy					
힘의 강, 유 Power control					
속도의 완, 급 Speed control					
중심이동 Shifting balance					
시선 Gaze					
합 계 total					

승급심사 때 이 평가표를 활용하고 동료 평가표로 활용할 때는 꼭 느낀 점을 써서 서로 공유한다.
Use this evaluation form in Taekwondo advancement tests, and when evaluating peers, write down feedbacks and share with them.

KTA 태권도 품새풀이
(KTA Taekwondo Poomsae Application)

정성을 다하여 가르쳐야 한다.
단 6개월을 가르쳐도 제자인 수련생이 있고 10년을 가르쳐도 제자가 아닌 수련생이 있다.
Teach sincerely. There are trainees who become a pupil in 6 months, and ones who never become no matter how long you teach.

태극7장
Taegeuk 7 Jang

1단계 STEP **품새풀이 1단계 :** 품새동작의 의미를 알아가는 전형화 되어 있는 과정.
Poomsae application step 1 : a systemized training course through which trainees learn the meanings of each movement.

2단계 STEP **품새풀이 2단계 숙련과정 :** 품새풀이 과정을 좀 더 사실적이고 실전에서 사용할 수 있는 응용동작
Poomsae application step 2 advance : Poomsae application step 2 advanced: a course through which trainees learn how to use the poomsae application in real fights.

태극7장 Taegeuk 7 Jang

Ⅲ. 유급자 품새풀이 Kup-grade Peoomsae application

7. 태극7장 품새
Taegeuk 7 Jang poomsae

태극7장 Taegeuk 7 Jang

동작순서 및 분석(손기술, 발기술의 동작은 낱 동작을 기준으로 함/국기원 교본)

Movements and analysis of Taegeuk 7 Jang(hand and foot techniques are counted separately)

서기 Seogi	새로운 동작 New movements	교본 동작수 Textbook number of movements	발기술 Foot technique
앞굽이, 뒷굽이, 나란히서기 apgubi, dwigubi, narani-seogi	손날아래막기, 바탕손거들어막기, 보주먹, 가위막기, 무릎치기, 몸통헤쳐막기, 두주먹젖혀지르기, 아래엇걸어막기, 등주먹바깥치기, 표적차기, 옆지르기 sonnal naeryeo-makgi, batangson-geodeureo-makgi, bojumeok, gawi-makgi, mureup-chigi, momtong-hecheo-makgi, dujumeok-jeocheo-jireugi, area-eotgeoreo-makgi, deung-jumeok-bakkat-chigi, pyojeok-chigi, yeop-jireugi	25	7

태극7장은 유급자 품새 중 실전 동작이 가장 많이 나오고 범서기 동작이 새롭게 나온다. 범서기를 서는 목적이 몇 가지 있다.

Taegeuk 7 Jang contains the most number of practical movements among the kup-grade poomsaes, and beom-seogi is introduced for the first time. There are several purposes when standing a beom-seogi.

※ 범서기를 하는 목적

1) 중심을 뒤로 주어 상대의 공격에 대비하기 위한 서기.
2) 상대의 공격을 방어하고 바로 발차기로 반격할 수 있는 서기.
3) 몸의 중심을 모두 뒤로 이동시키기 위한 몸놀림 훈련을 위한 서기.

※ **The purpose of standing a beom-seogi**

1) It is to have the balance at the back of the body in order to be prepared for the opponent's attack.

2) It allows one to quickly defend from the opponent's attack and counterattack.

3) It is to practice shifting the balance of the body in order to move the balance all the way to the back.

위의 내용처럼 서기 자체가 공격성을 가지고 있다. 또한, 7장은 다양한 형태의 동작이 많이 나온다. 손날아래막기, 바탕손거들어막기, 보주먹, 가위막기, 무릎치기, 몸통헤쳐막기, 두주먹젖혀지르기, 아래 엇걸어 막기, 등주먹바깥치기, 표적차기, 옆지르기가 있다.

이중 무릎치기와 두주먹젖혀지르기(복부 공격의 동작) 등은 실전에서 자주 사용되는 핵심기술 중에 하나다. 무릎치기는 태권도뿐만 아니라 동양의 무술을 대표하는 중국, 일본, 태국, 한국에서 빠지지 않고 등장하는 동작이기도 하다. 하지만 태권도 경기에서 무릎치기가 금지되어 있어 마치 태권도 기술에서 없는 동작처럼 느끼고 있을 뿐이었다.

As said above, a seogi itself has an offensive quality. Furthermore, 7 Jang's movements vary: sonnal-naeryeo-makgi, batangson-geodeureo-makgi, bojumeok, gawi-makgi, mureup-chigi, momtong-hecheo-makgi, dujumeok-jeocheo-jireugi, area eotgeoreo makgi, deung-jumeok-bakkat-chigi, pyojeok-chigi, yeop-jireugi.

Among these, mureup-chigi and dujumeok-jeocheo-jireugi(abdomen attack) are the major techniques that are used often in real fights. Mureup-chigi is one of most popolar movement that appears in martial arts of many asian countries such as China, Japan, Thailand and Korea. Even though, it is prohibited in Taekwondo gyeorugi due to the safty of the players, Taekwondo does have mureup-chigi.

　태권도 교본(국기원)을 보면 "상대가 가까우면 젖힌 주먹으로 지르게 되는데 이것을 젖혀지르기라 한다.(국기원 교본 144쪽)"라고 기술되어 있다. 또 품새에 보면 태극7장에 그 쓰임새가 잘 나타나 있다. 따라서 젖혀지르기는 치 지르기와는 다르게 장골능 위쪽부터 출발하여 직선 또는 대각선으로 지르는데 공격 목표는 횡격막, 옆구리, 명치 또는 갈비뼈이다. 주먹을 쥔 엄지손이 하늘을 향하게 하고 등 팔목은 땅을 향하게 하여 지르는 형태이며 근접 거리에서 주로 많이 사용한다. 비슷한 지르기로는 지르기와 젖혀지르기의 중간을 지를 때 사용하는 세운 주먹이 있다. (KTA 태권도 실전 손기술 2013, 64쪽)

　젖혀지르기는 상대와의 공방에서 가까운 거리에 있을 때 더욱 유효한 기법이다. 태극7장을 통해 이러한 기법들을 터득해 나가며 새로운 기술들의 올바른 이론과 실기에서 정확한 동작이 구현될 수 있도록 하는 것이 바람직한 수련하는 과정이다.

　When the opponent closes in, one has to strike the opponent with a fist turned over; this is called a jeocheo-jireugi. Taegeuk 7 Jang shows the usages of the jeocheo-jireugi as well. Unlike a chi-jireugi, a jeocheo-jireugi strikes from the upper part of the crista iliaca and goes up straight/diagonally to the diaphragm or to the solar plexus or the ribs. the thumb part of the fist should face upward and the back of the fist should face downward. This technique is used when the opponent is in a close distance. A jireugi and a sewonjumeok are similar with a jeocheo-jireugi. (KTA Taekwondo practical hand techniques 2013, 64p)

A jeocheo-jireugi is most effective when the opponent is in a close distance. Through practicing Taegeuk 7 Jang, trainees will understand the theorical part of the poomsae as well as the practical part of it. Trainees should work on the acurracy of the movements in order to realize the correct form of each movement of the poomsae.

태극 7장 주요 품새풀이 Taegeuk 7 Jang Major poomsae application

태극7장 Taegeuk 7 Jang	품새풀이 Poomsae application
1번 No.1	바탕손 몸통막기→앞차고 몸통바깥막기 batangson momtong-makgi→ap-chago momtong-bakkat-makgi
2번 No.2	손날 아래막기→손날 아래막기 sonnal naeryeo(area)-makgi→sonnal naeryeo(area)-makgi
3번 No.3	바탕손막고 등주먹앞치기 batangson-makgo deung-jumeok-apchigi
4번 No.4	가위막고 가위막기 gawi-makgo gawi-makgi
5번 No.5	헤쳐막기→무릎치고 젖혀지르기→엇걸어 아래막기 hecheo-makgi→mureup-chigo jeocheo-jireugi→eotgeoreo(cross) naeryeo(area)-makgi
6번 No.6	바깥등주먹 치기→표적차고 팔굽치기 bakkat-deung-jumeok chigi→pyojeok(target) chigo palgup-chigi

태극7장 품새풀이 Taegeuk 7 Jang Poomsae application

태극7장	품명	품새풀이
1번	바탕손 몸통막기→ 앞차고 몸통바깥막기	① 상대가 몸통지르기로 공격해 들어오는 것을 바탕손 몸통막기로 막아내며 바로 앞차기로 공격한다. ② 상대가 재차 몸통지르기로 들어오는 것을 몸통막기로 막아낸다. (동시에 앞차기로 명치를 차며 마무리한다)
2번	손날 아래막기→ 손날 아래막기	① 상대가 앞차기로 공격하는 것을 거들어 손날 아래막기로 막아낸다. ② 재차 앞차기로 공격하는 것은 거들어 손날 아래막기로 막아내는 동시에 다리를 잡고 거든 손으로 어깨를 잡아 상대를 바깥다리로 걸어 넘어트리며 주먹지르기로 마무리한다.

3번	바탕손 막고 등주먹 앞치기	① 상대가 몸통지르기로 공격하는 것을 바탕손막기로 막아내며 막아낸 손으로 등주먹치기로 공격 상대의 인중에 적중시켜 마무리한다. tip) 막아낸 손으로 다시 재차 공격하는 것이므로 스피드가 무척 중요하다. 빠르게 몸놀림이 될 수 있도록 수련한다.
4번	가위막고 가위막기	① 상대가 몸통 두번지르기로 연속해서 두 번 공격하는 것을 가위막기로 막아내고 두 번째 공격 또한 안팔목몸통막기로 막고 동시에 등주먹치기로 상대의 인중을 공격하며 마무리한다. tip) 두 번째의 막기는 가위막기 형태의 안팔목 몸통막기와 등주먹 치기를 동시에 표현한 것이다.
5번	헤쳐막기→ 무릎치고 젖혀지르기→ 엇걸어 아래막기	① 상대가 어깨나 몸통을 잡으러 들어오는 것을 헤쳐막기로 막아낸다. ② 헤쳐막기로 막아낸 다음 바로 상대의 목이나 머리를 잡아 무릎치기를 하고 뒤로 물러나는 상대를 젖혀지르기 한다. ③ 상대가 다시 정신을 차리며 앞차기로 반격할 때 엇걸어 막고 막은 다리를 비틀어 넘어 뜨리고 다리를 꺾어 제압한다.
6번	바깥등주먹 치기→ 표적차고 팔굽치기	① 상대가 칼이나 각목 등 흉기를 들고 공격을 해올 때 바깥 등주먹치기로 상대의 손목을 쳐내어 들고 있던 흉기를 상대의 손에서 제거한다. 동시에 상대의 뺨이나 턱을 표적 안차기로 공격하며 팔굽치기를 한다. (공격의 기술보다 방어의 개념이 강함) ② 다시 상대가 몸통지르기로 공격을 가하면 바깥 등주먹치기로 상대의 손목을 쳐내며 방어하고 상대의 뺨이나 턱을 표적 안차기로 공격하며 팔굽치기를 한다. tip) 상대가 흉기를 들고 공격하는 것을 발차기인 안차기로 흉기를 든 손을 쳐내는 것 또한 아주 실용적인 방어법이다.

Taegeuk 7 Jang	Name of a form	Poomsae application
No.1	batangson momtong-makgi→ap-chago momtong-bakkat-makgi	① When the opponent comes in with a momtong-jireugi, defend with a batangson-momtong-makgi and deliver an ap-chigi. ② when the opponent attacks with a momtong-jireugi once more, defend yourself with a momtong-makgi. (at the same time, deliver an ap-chigi aiming at the solar plexus)

No.2	sonnal naeryeo(area)-makgi→sonnal naeryeo(area)-makgi	① When the opponent attacks with an an-chigi, defend with a sonnal area-makgi ② When the opponent attacks once more, defend with another sonnal area-makgi. Grab the opponent's leg with one hand and grab the shoulder with the assisting hand. Lock the opponent's leg with your leg and trip him over. Deliver a jumeok-jireugi.
No.3	batangson makgo deungjumeok ap-chigi	① When the opponent attacks with a momtong-jireugi, defend yourself with a batangson-makgi. With a hand you defend with deliver a deungjumeok-chigi and hit the opponent's philtrum. tip) Since it is to use the same hand twice, the speed of the movement is important. Try to increase the speed through repeated practices.
No.4	gawi-makgo gawi-makgi	① When the opponent comes in with a dubeon-jireugi, defend yourself with a gawi-makgi for the first-jireugi and use a anpalmok-momtong-makgi for the second-jireugi. Consecutively, deliver a deungjumeok-chigi to hit the opponent's philtrum. tip) the second makgi is the gawi-makgi that is composed of an anpalmok momtong-makgi and a deung-jumeok chigi.
No.5	hecheo-makgi→mureup--chigo jeocheo-jireugi→eotgeoreo(cross) naeryeo(area)-makgi	① When the opponent tries to grab your upper body, defend yourself with a hecheo-makgi ② After the hecheo-makgi, grab the opponent's neck or the head and deliver a mureup chigi. When the opponent steps back, deliver a jeocheo-jireugi ③ The opponent counterattacks with an ap-chigi. Defend with an eotgeoreo-makgi and twist and trip over the opponent's leg.
No.6	bakkat-deung-jumeok-chigi→pyojeok(target)-chigo palgup-chigi	① When the opponent comes in with a weapon, deliver a bakkat-deung-jumeok-chigi to hit the opponent's wrist to remove the weapon from the hand. Deliver a pyojeok chigi to the opponent's chick or chin and do a palgup-chigi. (used as a defensive momvement in this occation) ② When the opponent attacks with a momtong-jireugi, use a bakkat-deungjumeok-chigi to push away the opponent's wrist and strike the opponent's chick or chin with a pyojeok an-chigi. Then, deliver a palgup-chigi. tip) You can also use an an-chigi to hit the wrist of the opponent who is holding a weapon.

태극7장 품새풀이 1번: 바탕손 몸통막기→앞차고 몸통바깥막기 1단계
Taegeuk 7 Jang poomsae application No.1 step 1: batangson momtong-makgi→ap-chago momtong-bakkat-makgi

"준비" 기합

상대가 몸통지르기로 공격해 들어오는 것을 바탕손 몸통막기로 막아내며 바로 앞차기로 공격한다.

다시 상대가 공격을 당한 뒤 재차 몸통지르기로 들어오는 것을 몸통막기로 막아내고 몸통지르기로 마무리한다.

"Junbi" Kihap

When the opponent comes in with a momtong-jireugi, defend with a batangson momtong-makgi and deliver an ap-chigi.

when the opponent attacks with a momtong-jireugi once more, defend yourself with a momtong-makgi.

태극7장 품새풀이 1번 숙련과정: 바탕손 몸통막기→앞차고 몸통바깥막기 2단계
Taegeuk 7 Jang poomsae application No.1 step 2 advanced: batangson momtong-makgi→ap-chago momtong-bakkat-makgi

"준비" 기합

상대가 몸통지르기로 공격해 들어오는 것을 바탕손 몸통막기로 막아내는 동시에 앞차기로 공격한다.

다시 상대의 지르기로 반격하여 들어오면 몸통 막으며 앞차기로 마무리한다.

"Junbi" Kihap

When the opponent comes in with a momtong-jireugi, defend with a batangson-momtong-makgi and deliver an ap-chigi.

When the opponent attacks with a momtong-jireugi once more, defend yourself with a momtong-makgi and deliver an ap-chigi.

tip) 태극7장 품새풀이 1번 과정은 동작의 형태가 같아 생략함!

Taegeuk 7 Jang poomsae application No.2 step 1 is omitted, because it is the same with the step 2!

태극7장 품새풀이 2번: 손날 아래막기→손날 아래막기 1단계(숙련과정과 동일)
Taegeuk 7 Jang poomsae application No.2 step1: sonnal naeryeo(area)-makgi→sonnal-naeryeo(area)-makgi

"준비" 기합

상대가 앞차기로 공격하는 것을 거들어 손날 아래막기로 연속해서 막아낸다.
거들어 손날 아래막기로 막아내는 동시에 다리를 잡고 거들었던 손으로 어깨를 잡아 상대를 바깥다리로 걸어 넘기기1)로 넘어뜨리며 주먹 아래지르기로 마무리한다.

"Junbi" Kihap

Blocks the opponent's ap-chigi with a sonnal area-makgi two times in a row. When blocking with the second sonnal area-makgi, grab the opponent's leg with one hand and grab the shoulder with the assisting hand. Lock the opponent's leg with your leg using a georco-neomgigi1) and trip him over. Deliver a jumeok-jireugi.

---

1) **걸어 넘기기** : 상대방의 다리를 걸어 넘어뜨리는 기술. 상대방의 팔이나 멱살을 잡아당기거나 가슴이나 어깨 등을 손으로 밀침과 동시에 발목이나 오금 등을 걸어 넘어뜨리는 기술이다. (국기원 기술 용어집 2011)

1) **Georeo-neomgigi:** This is a tripping-up skill to pull the opponent by the arm or the collar, or to push the opponent's chest or shoulder with a hand and, at the same time, trip up the opponent's ankle or the Inner Knee with the performer's foot or leg. (Kukkiwon technique terminology 2011)

태극7장 품새풀이 3번: 바탕손막고 등주먹앞치기 1단계
Taegeuk 7 Jang Poomsae application No.3 step 1: batangson-makgo deung-jumeok-ap-chigi

"준비" 기합

상대가 몸통지르기로 공격하는 것을 바탕손막기로 막아낸다.

막아낸 바탕손으로 등주먹치기로 공격 상대의 인중에 적중시켜 마무리한다.

"Junbi" Kihap

When the opponent attacks with a momtong-jireugi, defend yourself with a batangson-makgi.

With the hand you defend with, deliver a deung-jumeok-chigi and hit the opponent's philtrum.

tip) 막아낸 손으로 다시 재차 공격하는 것이므로 스피드가 무척 중요하다. 빠르게 몸놀림이 될 수 있도록 수련한다.

Since it is to use the same hand twice, the speed of the movement is important. Try to increase the speed through repeated practices.

태극7장 품새풀이 3번 숙련과정: 바탕손막고 등주먹앞치기 2단계
Taegeuk 7 Jang Poomsae application No.3 step. 2 advanced: batangson-makgo deung-jumeok-ap-chigi

"준비" 기합

상대가 몸통지르기로 공격하는 것을 바탕손막기로 막아내면서 거드는 손으로 상대의 안쪽 팔뚝을 왼 등주먹치기를 한다.

동시에 오른손 등주먹앞치기를 하며 상대의 턱을 돌려지르기로 마무리한다.

"Junbi" Kihap

When the opponent attacks with a momtong-jireugi, defend yourself with a batangson-makgi. With the assisting hand, strike the opponent's inner arm with a wen deung-jumeok-ap-chigi.

Deliver an oren deung-jumeok-ap-chigi and strike the opponent's chin with a dollyeo-jireugi.

tip) 막아낸 손으로 다시 재차 공격하는 것이므로 스피드가 무척 중요하다. 빠르게 몸놀림이 될 수 있도록 수련한다.

Since it is to use the same hand twice, the speed of the movement is important. Try to increase the speed through repeated practices.

태극7장 품새풀이 4번: 가위막고 가위막기 1단계
Taegeuk 7 Jang poomsae application No.4 step 1: gawi-makgo gawi-makgi

"준비" 기합

상대가 몸통 두번지르기로 연속해서 공격하는 것을 가위막기로 빠르게 막아낸다.
두 번째 공격 또한 안팔목 몸통막기로 첫 번째 주먹을 막고 동시에 두 번째 공격이 들어오기 전 등주먹앞치기로 상대의 인중을 공격하며 마무리한다.

"Junbi" Kihap

When the opponent comes in with a momtong dubeon-jireugi, quickly defend yourself with a gawi-makgi.

Use an anpalmok momtong-makgi to defend from the first jireugi. Consecutively, before the second attack comes in, deliver a deung-jumeok-apchigi to hit the opponent's philtrum.

tip) 두 번째의 막기는 가위막기 형태의 안팔목 몸통막기와 등주먹치기를 동시에 표현한 것이다. 이 동작은 실전에서 매우 유용하게 사용될 수 있으니 많은 반복 수련이 요구된다.

The second makgi is the gawi-makgi that is composed of an anpalmok momtong-makgi and a deung-jumeok-chigi. While it requires many practices to be adept at, this movement can be very effective in the real fights.

태극7장 품새풀이 4번 숙련과정: 가위막고 가위막기 2단계
Taegeuk 7 Jang poomsae application No.4 step 2 advanced: gawi-makgo gawi-makgi

"준비" 기합

상대가 몸통 두번지르기로 공격하는 것을 첫 번째 주먹은 왼 가위막기로 막는 동시에 상대의 옆구리를 오른 메주먹치기 공격한다.

두 번째 공격도 손을 바꿔 가위막기로 막아내는 동시에 왼 메주먹치고 다시 왼 가위막고 오른 몸통지르기로 마무리한다.

"Junbi" Kihap

When the opponent attacks with a momtong dubeon-jireugi, block the first jumeok with a wen gawi-makig and at the same time strike the opponent's side with a oren mejumeok-chigi.

For the second attack, switch the hands and defend with a gawi-makgi, and at the same time deliver a mejumeok-chgi. Defend from the another attack with a wen gawi-makgi and deliver an oren momtong-jireugi.

팁 TIP

겨루기 경기에서 많이 나오는 막으며 바로 주먹 지르기 이 동작이 실전에서는 상대에게 치명상을 줄 수 있는 실전기술이다. 들어오는 상대를 위와 같이 막는 동시에 명치에 지르기를 한다면 일순간 상대의 호흡이 멈춰질 것이다. 훈련 방법을 잘 보고 그대로 수련하면 금방 몸에 익을 것이다.

Delivering a makgi and a baro jumeok jireugi at once, is a movement that is used frequently in Taekwondo gyeorugi and is very useful in real fights. If the movement is applied to the appraching opponent, his breathing would stop for a moment. Train as the instructions above.

태극7장 품새풀이 5번: 헤쳐막기→무릎치고 젖혀지르기→엇걸어 아래막기 1단계
Taegeuk 7 Jang Poomsae application No.5 step 1: hecheo-makgi→mureup-chigo jeocheo-jireugi→eotgeoreo(cross) naeryeo(area)-makgi

"준비" 기합

상대가 앞차기로 공격하는 것을 헤쳐막기로 연속해서 막아낸다.

헤쳐막기로 막아낸 다음 바로 상대의 목이나 머리를 잡아 무릎치기를 하고 뒤로 물러나는 상대를 젖혀지르기 공격한다.

상대가 다시 정신을 차리며 앞차기로 반격할 때 엇걸어 막고 막은 다리를 비틀어 넘어뜨리고 다리를 꺾어 제압한다.

"Junbi" Kihap

When the opponent tries to grab your upper body, defend yourself with a hecheo-makgi
The opponent counterattacks with an ap-chigi.
Defend with an eotgeoreo-makgi and twist and trip over the opponent's leg.

팁 TIP

● 젖혀지르기 Jeocheo-jireugi

젖혀지르기는 상대의 횡경막이나 늑골 부위를 엎은 주먹으로 수평 공격하는 동작을 말한다. 이 동작은 복싱이나 무예타이 등에서도 흔히 볼 수 있는 것으로 중요한 공격수단 중 하나에 속한다.

그러나 겨루기 경기에는 파울로 인정되어 있다. 하지만 태권도교본 기본동작에 나와 있고 실전에서는 상당한 공격성을 가지고 있다.

Jeocheo-jireugi is a movement that horizontally strikes the opponent's diaphragm or ribs with a face down jumeok. This movement is an important offense movement that is often seen in Boxing or Muay Thai games. Even though, this movement is prohibited in Taekwondo Gyeorugi, it is still in the Taekwondo textbook as a basic movement, and it is very useful in real fights.

태극7장 품새풀이 5번 숙련과정: 헤쳐막기→무릎치고 젖혀지르기→엇걸어 아래막기 2단계
Taegeuk 7 Jang Poomsae application No.5 step 2 advanced: hecheo-makgi→mureup-chigo jeocheo-jireugi→eotgeoreo(cross) naeryeo(area)-makgi

태극7장 품새풀이 6번: 바깥등주먹 치기 → 표적차고 팔굽치기 1단계
Taegeuk 7 Jang poomsae application No.6 step 1: bakkat-deung-jumeok-chigi → pyojeok(target)-chago palgup-chigi

"준비" 기합

상대가 칼이나 각목 등 흉기를 들고 있다. 각목 등 흉기를 들고 공격을 해올 때 바깥등주먹치기로 상대의 손목을 쳐 내어 들고 있던 흉기를 상대의 손에서 제거한다.

동시에 상대의 뺨이나 턱을 표적안차기로 공격하며 팔굽치기를 한다. (공격의 기술보다 방어의 개념이 강함)

"Junbi" Kihap

When the opponent comes in with a weapon, deliver a bakkat-deung-jumeok-chigi to hit the opponent's wrist to remove the weapon from the hand.

Deliver a pyojeok-chagi to the opponent's chick or chin and do a palgup-chigi. (used as a defensive momvement in this occation)

태극7장 품새풀이 6번 숙련과정: 바깥등주먹 치기→표적차고 팔굽치기 2단계
Taegeuk 7 Jang poomsae application No.6 step 2 advanced: bakkat-deung-jumeok chagi→pyojeok(target)-chago palgup-chigi

"준비" 기합

상대가 칼을 들고 공격할 때 등주먹으로 칼을 든 손을 공격하여 차단한다.

다시 반격할 때 안차기로 다시 칼을 든 손을 차단하는 동시에 팔굽치기로 마무리한다.

"Junbi" Kihap

When the opponent attacks with a knife in hand, strike the opponent's hand with a deung-jumeok.

When the opponent counterattack, deliver an an-chigi to block the weaponed hand and deliver a palgup-chigi.

tip) 상대가 흉기를 들고 공격하는 것을 발차기인 안차기로 흉기를 든 손을 쳐내는 것 또한 아주 실용적인 방어법이다.

When the opponent comes in with a weapon, using an an-chigi to strike the weaponed hand would be a very practical way of defending.

※ 주먹으로 막지 않고 바로 발날등으로 들어오는 칼을 쳐 낼 수도 있다.
One may use a balnaldeung instead of a jumeok to push away the weaponed hand.

포인트 POINT

- 가위막기의 공격력은 상당히 위력적이다. 처음 이 동작을 접하는 수련생들이나 지도자들은 생소하지만, 반복 훈련을 통해 조금만 익숙해지면 몸에서 금방 반응한다.
The power of gawi-makgi is pretty strong. It could be unfamiliar to new trainees, but the body will adapt it quickly after several practices.

- 처음으로 무기를 든 상대를 제압하는 기술이 7장에 수록되어 있다. 다시 한 번 살펴보자
This was the first time introducing the ways to dominate opponents with a weapon. Reveiw it once more.

생각해보기 Let's think 지도, 교수법 예시안 an example of teaching methods

단계 Step	학습 요소 Learning elements	교수·지도 활동 Instruction	시간 Duration	주의사항 Caution
1단계 Step 1				
2단계 Step 2				
3단계 Step 3				
4단계 Step 4				

생각해보기 Let's think 심사평가표, 또는 동료 평가표 an evaluation form or a peer evaluation form

평가 항목 Evaluation entry	상(3점) Good(3)	중(2점) Fair(2)	하(1점) poor(1)	계 number	느낀 점(예시) notes(ex:)
품새풀이의 이해도 Understanding of the poomsae application					
정확성 Accuracy					
힘의 강, 유 Power control					
속도의 완, 급 Speed control					
중심이동 Shifting balance					
시선 Gaze					
합 계 total					

승급심사 때 이 평가표를 활용하고 동료 평가표로 활용할 때는 꼭 느낀 점을 써서 서로 공유한다.
Use this evaluation form in Taekwondo advancement tests, and when evaluating peers, write down feedbacks and share with them.

남들만큼 해서는 1인자가 될 수 없다.
One needs more practice than others to become No.1

태극8장
Taegeuk 8 Jang

1단계 STEP

품새풀이 1단계 : 품새동작의 의미를 알아가는 정형화 되어 있는 과정.
Poomsae application step 1 : a systemized training course through which trainees learn the meanings of each movement.

2단계 STEP

품새풀이 2단계 숙련과정 : 품새풀이 과정을 좀 더 사실적이고 실전에서 사용할 수 있는 응용동작
Poomsae application step 2 advance : a course through which trainees learn how to use the poomsae application in real fights.

태극8장 — Taegeuk 8 Jang

III. 유급자 품새풀이 Kup-grade Peoomsae application

8. 태극8장 품새
Taegeuk 8 Jang poomsae

태극8장 Taegeuk 8 Jang

태극8장은 두 사람의 상대가 공격하는 것을 효율적으로 막아내는 기법이 들어 있다. 유급자의 마지막 품새를 의미하는데 여기까지 품새풀이가 진행되었다면 수련생들이 품새풀이에 대해서 어느 정도 이해력이 생겼을 것이다.

Taegeuk 8 Jang contains defense movements that effectively blocks the attacks of two opponents. Taegeuk 8 Jang is the last poomsae of the kup-grade Taegeuk poomsae. Coming this far means that trainees have gained a certain amount of understanding of the poomsae application.

동작순서 및 분석(손기술, 발기술의 동작은 낱 동작을 기준으로 함/국기원 교본)

Movements and analysis of Taegeuk 8 Jang(hand and foot techniques are counted separately)

서기 Seogi	새로운 동작 New movements	교본 동작수 Textbook number of movements	발기술 Foot technique
앞굽이, 뒷굽이, 범서기, 변형된 앞굽이, 나란히 서기 apgubi, dwigubi, beom-seogi, transformed apgubi, narani-seogi	두발당성앞차기, 몸통거들어 바깥막기, 외산틀막기, 당겨턱지르기, 손날 거들어 아래막기, 뛰어 앞차기, 팔굽돌려치기 dubaldangseong-ap-chigi, momtong-geodeureo bakkat-rnakgi, oesanteul-makgi, danggyeo-tuk-jireugi, sonnal geodeureo area-makgi, ttwieo-ap-chigi, palgup-dollyeo-chigi	27	5

8장은 2인을 상대하는 기법이 나온다. 외산틀막기의 동작이 그것인데 이는 꼭 외산틀막기가 2인을 상대하는 동작이라고 보기엔 어딘지 모르게 적절하지 못하다. 그렇다면 왜! 하필 이러한 동작을 8장에 추가시켜 놓았을까?

그것은 1단으로 넘어가는 과정 중 **다수의 상대와 겨룰 수 있는 몸놀림을 배우는 것이라고 판단된다. 2인을 상대할 수 있는 기법을 터득하고 몸을 쓸 수 있는 수련**을 꾸준히 해서 다수의 공격에도 위축되지 않은 자신감을 기르기 위한 하나의 관문인 셈이다.

뛰어 앞차기를 통해 몸을 공중에 띄우는 수련과 팔굽공격의 사용법 등을 다양하게 8장에서는 제시하였다. 서기도 다양한 서기가 나오고 앞굽이의 변형된 외산틀막기는 서기가 다양한 형태로 변할 수 있다는 것을 보여 준다. 회전의 경우 270도를 회전하는 어려운 기법이 있으며 뒤로 물러나는 동시에 방어하는 기법도 존재하고 있다.

Taegeuk 8 Jang contains a movement called, oesanteul-makgi, that deals with two opponents. However, an oesanteul-makgi doesn't seem very appropriate to block the attacks of two people. Then why is the movement put in Taegeuk 8 Jang? Before going up to the 1 Dan level, the Taegeuk 8 Jang **provides an opportunity to think about dealing with multiple opponents and how one should move the body in front of them.** By practicing the movement one will be more prepared and more confident when facing the real situations.

By practicing ttwieo-ap-chigi, trainees can learn how to lift up the body in the air. There are various plagup offense techniques and scogis. An oesanteul-makgi uses a modified apgubi seogi, and it is an example of how a seogi may be modified into other forms. For practicing turning, there is a technique that requires a 270-degree truning, and also a back step defense technique.

태극8장 주요 품새풀이 Taegeuk 8 Jang Major poomsae application

태극8장 Taegeuk 8 Jang	품새풀이 Poomsae application
1번 No.1	거들어 바깥막고 몸통지르기→두발당성앞차고 몸통막고 두번지르기 geodeureo bakkatmakgo momtong-jireugi→ dubaldangseong-ap-chago momtong-makgo dubeon(twice)-jireugi
2번 No.2	외산틀막고 당겨 턱지르기→손날막고 몸통지르기 oesanteul-makgo danggyeo-teok-jireugi→sonnal-makgo momtong-jireugi
3번 No.3	거들어 손날 막기→앞차기→바탕손막기 geodeureo sonnal makgi→ap-chigi→batangson-makgi
4번 No.4	한손날막기→팔굽치기→등주먹치기→몸통지르기 hansonnal-makgi→palgup-chigi→deung-jumeok-chigi→momtong-jireugi

태극8장 품새풀이 Taegeuk 8 Jang Poomsae application

태극8장	품명	품새풀이
1번	거들어 바깥막고 몸통지르기 →두발당성앞차고 몸통막고 두번지르기	① 상대가 몸통지르기로 공격해 들어오는 것을 거들어 바깥막고 몸통지르기 공격한다. ② 두발당성앞차기로 이어서 공격하며 상대가 피하며 다시 몸통지르기로 공격을 가할 때 몸통막기로 걷어내며 두번지르기로 반격한다. 다시 몸통지르기로 마무리한다.
2번	외산틀막고 당겨 턱지르기 →손날막고 몸통지르기	① 2명의 상대가 동시에 앞, 뒤에서 공격한다. 이때 외산틀막기로 동시에 막아낸다. ② 얼굴 쪽의 공격을 막아낸 손으로 재빠르기 회전하여 당겨 턱지르기로 공격한다. ③ 뒤에서 공격하는 지르기를 손날막고 지르기로 마무리한다.
3번	거들어 손날막기→앞차기 →바탕손 막기	①상대의 몸통지르기 공격을 손날 거들어 바깥막기로 막아낸다. 이때 서기는 범서기로 서는 데 범서기로 서는 이유는 앞발을 재빨리 공격하기 위한 예비동작이다. ② 앞발 앞차기로 상대를 가격하고 이어서 몸통지르기를 한다. ③상대가 몸통지르기를 피하면서 몸통지르기로 공격해 들어오는 것을 물러 디디며 피하면서 바탕손막기를 하고 몸통지르기로 마무리한다.
4번	한손날 막기→팔굽치기→ 등주먹치기→몸통지르기	① 상대가 몸통지르기로 공격해 오는 것을 한 손날 막기로 막아낸다. ② 공격해온 팔을 막아낸 손으로 잡고 끌면서 팔굽 돌려치기를 하고 등주먹치기를 하고 몸통지르기로 마무리한다.

Taegeuk 8 Jang	Name of a form	Poomsae application
No.1	geodeureo bakkatmakgo momtong-jireugi→dubaldangseong-ap-chago momtong-makgo dubeon(twice)-jireugi	① When the opponent attacks with a momtong -jireugi, deliver a geodeureo bakkatmakgo momtong-jireugi. ② Consecutively, attack with a dubaldangseong-ap-chigi. The opponent avoids the kick and attacks with a momtong-jireugi. Push it away with a momtong bakkat-makgi and counterattack with a dubeon -jireugi. Do another momtong -jireugi.
No.2	oesanteul makgo danggyeo teok-jireugi→sonnal-makgo momtong-jireugi	① Two opponents attack from front and back. Block the attacks with a oesanteul-makgi. ② Turn and pull the hand, which you defended your head with, and attack the opponent with a tuk-jireugi. ③ Block the real attack with a sonnal-makgi and deliver a jireugi.
No.3	geodeureo sonnal-makgl→ap-chigi→batangson makgi	①The opponent attacks with a momtong-jireugi. Block it with a geodeureo bakkat-makgi. Stand with a beon-seogi at this time in order to quickly attack the opponent using the front foot. ②Strike the opponent with the front foot ap-chigi and continue the attack with a momtong-jireugi. ③The opponent evade the attack and counterattacks with a momtong-jireugi. Step back and block it with a batangson-makgi and deliver a momtong-jireugi.
No.4	hansonnal makgi→palgup-chigi→deung-jumeok-chigi→momtong-jireugi	① When the opponent attacks with a momtong-jireugi, defend with a hansonnal makgi. ② Grab and pull the opponent with the defending hand and delieved a palgup dollyeo-chigi, deung-jumeok-chigi, and momtong-jireugi.

태극8장 품새풀이 1번: 거들어 몸통 바깥막고 몸통지르기→두발당성앞차고 몸통막고 두번지르기 1단계
Teageuk 8 Jang poomsae application No.1 Step 1: geodeureo momtong bakkat-makgo momtong jireugi→dubaldangseong-ap-chago momtong-makgo dubeon(twice)-jireugi

"준비" 기합

상대가 몸통지르기로 공격해 들어오는 것을 거들어 몸통 바깥막기를 한다.

이어서 몸통지르기로 바로 공격한다.

두발당성앞차기로 상대의 가슴과 얼굴을 공격한다.

두발당성뛰어앞차기를 살짝 피하고 몸통지르기로 공격하지만 몸통막기로 막아낸다.

몸통막기의 동작으로 방어를 해낸 후 두번지르기로 반격하여 마무리한다.

"Junbi" Kihap

When the opponent attacks with a momtong-jireugi, block it with a geodeureo momtong bakkat-makgi.

Attack the opponent with a momtong-jireugi.

Consecutively, attack the opponent's chest and face with a dubaldangseong-ap-chigi.

The opponent avoids the kick and attacks with a momtong-jireugi.

Push it away with a momtong-makgi and deliver a dubeon-jireugi.

태극8장 품새풀이 1번 숙련과정: 거들어 바깥막고 몸통지르기→두발당성앞차고 몸통막고 두번지르기 2단계
Teageuk 8 Jang poomsae application No.1 Step 2 advanced: geodeureo bakkat-makgo momtong-jireugi→dubaldangseong-ap-chago momtong-makgo dubeon(twice)-jireugi

"준비" 기합

몸통지르기로 공격해 들어오는 것을 바깥막기로 막아내며 지르기를 동시에 한다.

두발당성앞차기로 상대의 가슴과 얼굴을 공격한다.

상대가 두발당성앞차기를 살짝 피한다.

다시 몸통지르기로 반격해 들어오는 것은 몸통막기로 방어와 동시에 두번지르기로 마무리한다.

"Junbi" Kihap

When the opponent attacks with a momtong-jireugi, block it with a bakkat-makgi and attack the opponent with a jireugi at the same time.

Attack the opponent's chest and face with a dubaldangseong-ap-chigi.

The opponent avoids the kick and attacks with a momtong-jireugi.

Push it away with a momtong-makgi and deliver a dubeon-jireugi at the same time.

태극8장 품새풀이 2번: 외산틀 막고 당겨 턱지르기→손날막고 몸통지르기 1단계
Teageuk 8 Jang poomsae application No.2 Step 1: oesanteul makgo danggyeo teok-jireugi→sonnal-makgo momtong-jireugi

"준비" 기합

2명의 상대가 동시에 앞, 뒤에서 공격한다. 이때 외산틀막기로 동시에 막아낸다.

얼굴 쪽의 공격을 막아낸 손으로 재빠르게 회전하여 당겨 턱지르기로 공격한다.

뒤에서 공격해 들어오는 것은 손날막기로 막고 지르기로 마무리한다.

"Junbi" Kihap

Two opponents attack from the front and the back. Block the attacks with a oesanteul-makgi.

Turn and pull the hand, which you defended your head with, and attack the opponent with a danggyeo teok-jireugi.

Block the real attack with a sonnal-makgi and deliver a jireugi.

태극8장 품새풀이 2번 숙련과정: 외산틀막고 당겨 턱지르기→손날막고 몸통지르기 2단계
Teageuk 8 Jang poomsae application No.2 Step 2 advanced: oesanteul makgo danggyeo teok-jireugi→sonnal-makgo momtong-jireugi

"준비" 기합

2명의 상대가 동시에 앞, 뒤에서 공격한다. 이때 외산틀막기로 동시에 막아낸다.

왼손으로 지르기를 막으며 당겨 턱지르기를 한다.

뒤에서 오는 지르기를 손날 바깥막기로 막아내며 지르기로 마무리한다.

"Junbi" Kihap

Two opponents attack from the front and the back. Block the attacks with a oesanteul-makgi.

Block the opponent's jireugi with a left hand and deliver a danggyeo tuk-jireugi.

Block the real attack with a sonnal bakkat-makgi and deliver a jireugi.

태극8장 품새풀이 3번: 손날 거들어 막기→앞차기→바탕손 막기 1단계
Teageuk 8 Jang poomsae application No.3 Step 1: sonnal geodeureo makgi→ap-chigi→batangson makgi

"준비" 기합

상대의 몸통지르기 공격을 손날 거들어 바깥막기로 막아낸다. 이때 서기는 범서기로 서는 데 범서기로 서는 이유는 앞발을 재빨리 공격하기 위한 예비동작이다.

앞발 앞차기로 상대를 가격하고 이어서 몸통지르기를 한다.

상대가 몸통지르기를 피하면서 몸통지르기로 공격해 들어오는 것을 물러 디디며 피하면서 바탕손막기를 하고 몸통지르기로 마무리한다.

"Junbi" Kihap

The opponent attacks with a momtong-jireugi. Block it with a sonnal geodeureo bakkat-makgi. Stand with a beon-seogi at this time in order to quickly attack the opponent using the front foot.

Strike the opponent with the front foot ap-chigi and continue the attack with a momton-jireugi.

The opponent evade the attack and counterattacks with a momtong-jireugi. Step back and block it with a batangson-makgi and deliver a momtong-jireugi.

tip) 범서기의 경우 상대의 공격을 차단 후 빠른 속도로 반격하기 위함인데 많은 수련이 필요하다. 그리고 뒤로 물러 디딜 때 중심이동이 매우 중요하다.
Standing a beom seogi is to quickly attack the opponent after a defense movement. It takes a lot of practices in order to stand a correct beom-seogi. When stepping back, the balance shifting is very important.

태극8장 품새풀이 3번 숙련과정: 손날 거들어 막기→앞차기→바탕손 막기 2단계
Teageuk 8 Jang poomsae application No.3 Step 2 advanced:sonnal-geodeureo-makgi→ap-chigi→batangson-makgi

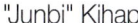

"준비" 기합

상대의 몸통지르기 공격을 손날거들어 바깥막기로 막아내며 동시에 앞차기 한다.

상대가 앞차기를 맞고 다시 몸통지르기로 재차 공격한다.

바탕손 막으며 얼굴지르기로 마무리한다.

"Junbi" Kihap

The opponent attacks with a momtong-jireugi. Block it with a geodeureo bakkat-makgi and deliver an ap-chigi at the same time.

Continue the attack with a momtong-jireugi.

Block the attack with a batangson-makgi and deliver a front foot ap-chigi.

tip) 바탕손막기와 동시에 앞차기 대신 뒷발 아래돌려차기로 마무리를 해도 좋은 제압의 기법이 될 수 있다.

It would be also effective if a rear foot area-dollyeo-chagi is used with the batangsong-makgi instead of the ap-chigi.

태극8장 품새풀이 4번: 한손날막기→팔굽치기 등주먹치기→몸통지르기 1단계
Teageuk 8 Jang poomsae application No.4 Step 1: hansonnal-makgi→ palgup-chigi deung-jumeok-chigi→momtong-jireugi

"준비" 기합

상대의 몸통지르기 공격을 한손날막기로 막아낸다.

상대의 공격을 한손날막기로 막아내고 팔굽돌려치기와 등주먹치기를 이어서 한다.

마지막으로 몸통지르기로 마무리한다. 지금까지의 동작을 모두 빠르게 연결하는 것이 중요하며 동작을 구현해 낼 때 순간(타이밍)과 거리를 잘 계산해 내는 것 또한 상대를 제압해 내는 능력만큼 중요하다.

"Junbi" Kihap

When the opponent attacks with a momtong-jireugi, defend with a hansonnal-makgi. Deliever a palgup-dollyeo-chigi and a deung-jumeok-chigi.

Finally, deliver a momtong-jireugi. It is important to connect these movement quickly, and calculating the right distance and timing when performing the movement is also very important.

태극8장 품새풀이 4번 숙련과정: 한손날막기→팔굽치기 등주먹치기→몸통지르기 2단계
Teageuk 8 Jang poomsae application No.4 Step 2 advanced: hansonnal-makgi→palgup-chigi deung-jumeok-chigi→momtong-jireugi

"준비" 기합

상대가 몸통지르기로 공격해 오는 것을 한손날막기로 막아내는 동시에 팔굽치기를 한다. 그리고 등주먹치기와 몸통지르기로 마무리한다. 지금까지의 동작을 모두 빠르게 연결하는 것이 중요하며 동작을 구현해 낼 때 순간(타이밍)과 거리를 잘 계산해 내는 것 또한 상대를 제압해 내는 능력만큼 중요하다.

"Junbi" Kihap

When the opponent attacks with a momtong-jireugi, defend with a hansonnal-makgi and deliver a palgup-chigi at the same time.

Deliver a deung-jumeok-chigi and a momtong-jireugi. It is important to connect these movement quickly, and calculating the right distance and timing when performing the movement is also very important.

포인트 POINT

● 앞발 앞차기를 연습해보자! Let's practice the front foot ap-chigi!

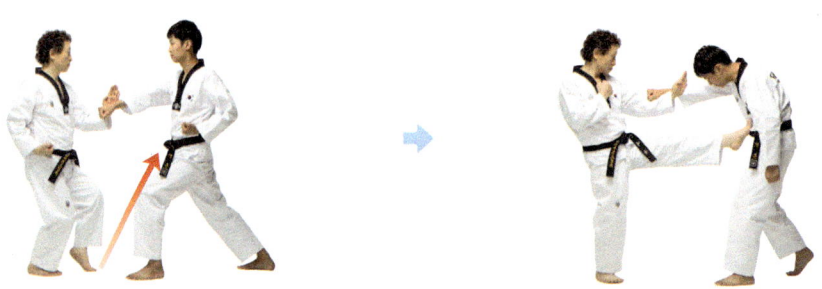

● 치 지르기 chi jireugi

KTA 태권도 실전 손기술 편에 나오는 기본 지르기 중 5단계인 치 지르기는 복싱으로 보면 어퍼컷이다. 우리는 치 지르기(당겨 턱지르기)를 가까운 거리에 있는 상대의 턱을 향해 아래에서 위로 강하게 지르기 하는 것을 말한다.

Chi jireugi is the same with an uppercut in boxing. It is to move the fist vertically upward to hit the chin of the opponent in close. It is placed at the 5th level in the KTA Taekwondo practical hand technique.

● 지르기 감각 훈련 방법(미트 지르기, 호구 지르기)

jireugi sensation training method (mitt jireugi, protective gears jireugi)

파트너가 미트를 들고 지르기를 해주면 막으며 지르기 훈련을 실시한다. 실제 타격감을 익히기 위해 호구를 입고 실시할 수 있다.

The training is for a group of two people. One may hold a mitt and deliver a jireugi. The other blocks the attack and deliver a jireugi. The group can also use a protective gear to learn the actual hitting sensations.

생각해보기 Let's think 지도, 교수법 예시안 an example of teaching methods

단계 Step	학습 요소 Learning elements	교수·지도 활동 Instruction	시간 Duration	주의사항 Caution
1단계 Step 1				
2단계 Step 2				
3단계 Step 3				
4단계 Step 4				

생각해보기 Let's think 심사평가표, 또는 동료 평가표 an evaluation form or a peer evaluation form

평가 항목 Evaluation entry	상(3점) Good(3)	중(2점) Fair(2)	하(1점) poor(1)	계 number	느낀 점(예시) notes(ex:)
품새풀이의 이해도 Understanding of the poomsae application					
정확성 Accuracy					
힘의 강, 유 Power control					
속도의 완, 급 Speed control					
중심이동 Shifting balance					
시선 Gaze					
합계 total					

승급심사 때 이 평가표를 활용하고 동료 평가표로 활용할 때는 꼭 느낀 점을 써서 서로 공유한다.
Use this evaluation form in Taekwondo advancement tests, and when evaluating peers, write down feedbacks and share with them.

V. 유단자 품새풀이
Dan-grade poomsae application

태권도 고수의 길
The way to become a Taekwondo master

고려 품새
Koryo Poomsae

1단계 STEP

품새풀이 1단계 : 품새동작의 의미를 알아가는 정형화 되어 있는 과정.
Poomsae application step 1 : a systemized trainingcourse through which trainees learn the meanings of each movement.

2단계 STEP

품새풀이 2단계 숙련과정 : 품새풀이 과정을 좀 더 사실적이고 실전에서 사용할 수 있는 응용동작.
Poomsae application step 2 advance : a course throughwhich trainees learn how to use the Poomsae application in real fights.

| 고려 품새 | Koryo Poomsae |

V. 유단자 품새풀이 Dan-grade Poomsae application

Ⅴ. 유단자 품새풀이
Dan-grade poomsae appplication

지금까지 태권도의 기본이 되는 동작들을 배워 왔다. 우리는 유급자 품새를 통해 기초적인 몸동작을 배우고 익히며 배운 동작을 통해 일어나는 몸놀림의 형태를 파악하고 정확하고 올바른 태권도의 몸동작을 배워가는 데 중점을 두어 왔다.

그러나 유단자 과정 품새의 기초 단계(1~5단)는 유급자 과정에서 배운 기법을 숙련해 나가는 과정이 매우 중요하다.

So far, we have learned the basic movements of Taekwondo. Through the kup-grade poomsaes, we learned and practiced the fundamental movements and studied how our bodies react and recreate the movements. We also focused our study on learning the correct form of each movement.

However, in the basics of the Dan-grade(1~5) poomsaes, it is important that one becomes adept at the each movement which one learned from the kup-grade poomsaes.

다음의 표는 (국기원 태권도 사범 교육과정 "품새 과목" 강사용 표준 강의 지도서 국기원 2014) The chart next is from (the Kukkiwon Taekwondo instructor training course, poomsae, the standard instruction for instructors Kukkiwon 2014)

과정 Phase	내용체계 contents	
품새 기초1 poomsae basic 1	▶ 유급자 품새에 대한 이해 Understanding kup-grade poomsae ● 태극 1장 Taegeuk 1 Jang ● 태극 2장 Taegeuk 2 Jang ● 태극 3장 Taegeuk 3 Jang ● 태극 4장 Taegeuk 4 Jang ● 태극 5장 Taegeuk 5 Jang ● 태극 6장 Taegeuk 6 Jang ● 태극 7장 Taegeuk 7 Jang ● 태극 8장 Taegeuk 8 Jang	태권도 품새 원리와 국기원 표준 동작의 이해 Understanding Taekwondo Poomsae principles and Kukkiwon standard movements ● 동작, 모양, 과정, 방법 Movement, shape, process, method ● 원리, 시선, 몸의 중심이동, 속도의 완급, 힘의 강약, 호흡 fundamentals, gaze, shifting body balance, speed control, power control, breathing
품새 기초2 유단자(1~5단 품새) poomsae basic 2 Dan-grade(1~5 Dan poomsae)	▶ 유단자 품새에 대한 이해 Understanding Dan-grade poomsae ● 고려품새 Koryo poomsae ● 금강품새 Keumgang poomsae ● 태백품새 Taebaek poomsae ● 평원품새 Pyongwon poomsae ● 십진품새 Sipjin poomsae	품새의 숙련 및 활용 Poomsae proficiency and utilization
품새 심화 유단자(6~9단 품새) advanced poomsae Dan-grade(6~9 Dan poomsae)	▶ 유단자 품새에 대한 이해 Understanding Dan-grade poomsae ● 지태품새 Jitae poomsae ● 천권품새 Chonkwon poomsae ● 한수품새 Hansu poomsae ● 일여품새 Ilyeo poomsae	응용기술을 통한 다양한 표현의 단계 Various expressions via advanced applications

위의 표를 보면 알 수 있듯이 품새의 기초 단계(1~5단)는 품새의 숙련 및 활용의 단계에 해당하며 고려부터 십진까지 품새에 대한 이론과 국기원 표준 수련 및 지도법을 가르치고 잘못된 부분을 교정해 주는 과정이다.

따라서 태권도 사범 자격 연수생에게 태권도 기본동작과 품새의 숙련과 응용방법을 터득하게 한다. (국기원 태권도 사범 교육과정 "품새 과목" 강사용 표준 강의 지도서 국기원 2014)

이 이야기는 유단자(1~5단) 과정은 유급자 과정에서 배운 몸놀림과 기초적인 몸놀림의 기법을 유단자(1~5단) 과정에서 좀 더 숙달시키고 응용할 수 있는 다양한 방법을 배워 태권도가 실전의 기법과 감각도 익히라는 것이다.

그리고 또 하나의 이유가 있다.

태권도는 적수공권으로 사용할 수 있는 신체의 모든 부분 특히 수족을 조직적으로 단련하여 무기와도 같은 위력을 발휘, 일격일축(一擊一蹴) 불시에 적을 쓰러뜨릴 수 있게 수련된 호신술이며... (생략) 태권도 교본 이원국 1969)

이 말의 의미는 태권도는 신체의 모든 부분을 무기화하는 수련이다. 옛날의 무예 수련은 고도의 살상의 무기가 칼이나 창 등이 주를 이루어 이와 맞서려면 신체를 무기화하는 단련이 매우 필요했다.

하지만 현대를 살아가는 많은 사람이나 태권도인들은 굳이 신체를 단련하지 않고도 태권도를 수련할 수 있는 환경과 이유가 너무나 다양하게 생겨나고 각자의 수련 동기들도 달라졌다.

우선 대표적인 것이 건강을 위해 수련하는 사람들이 많아졌기 때문에 신체가 변형되는 단련은 될 수 있으면 수련을 하지 않으려 한다. 아니 해야 할 목적이 일격필살(一擊必殺)에서 양생의 목적 즉 건강으로 변해 버린 것이다.

그렇다고 할지라도 단련이 신체를 변형시키고 우리의 몸을 무기화하지 않아도 된다고 그 과정을 배우지 않는 것은 전통적인 수련방법이 사라져 가고 "단련" 그 본래의 의미가 퇴색될 수 있기 때문에 태권도의 전문가들은 반드시 단련의 수련과정을 거쳐야 한다.

이러한 수련과정의 하나가 안전한 보호 장비를 착용한 태권도 겨루기 경기인데 태권도 경기가 인기를 끌고 있는 것은 단련의 의미도 있지만, 운동의 기능이 충분하고 재미와 성취감이 있기 때문이다.

이와 같은 맥락으로 품새풀이는 무술적으로 태권도의 품새를 알아가고 또한 그 동작을 직접 체험함으로써 생기는 건강, 성취감, 그리고 실전의 감각 등을 자연스럽게 배울 수 있다.

유단자 품새 1~5단은 이러한 과정을 배우고 익히고 숙달시키는 과정이다.

As it is shown in the chart above, the basic (1~5 Dan) poomsae level focuses on the application of poomsaes and being adept at them. The trainees who belong to this level also learn the theory of Koryo to Sipjin poomsaes, are taught the Kukkiwon standard training courses, and get feedbacks from the instructor.

Therefore, qualified Taekwondo instructor trainees learn the basic movements of Taekwondo and the ways of improve their poomsae. (Kukkiwon Taekwondo instructor training "poomsae" instructors' standard coaching guide Kukkiwon 2014)

This means that the dan-grade(1~5) course exists to develop and improve the basic movements that trainees have learned in the previous Kup-grade course as well as being adept at the movements so that they may apply the movement in real situations.

There is another reason.

Taekwondo is a martial art that is executed with empty hands and naked fists, so every part of one's body are trained so that the body itself could work as a weapon. It is also a self-defense martial art that can knock down the opponent with a one death blow... (Taekwondo Textbook Lee Woonguk 1969)

The words means that training Taekwondo is to weaponize the whole body. Because weapons such as knives, spears, were used in classical martial arts, one should train the whole body in order to fight against them.

However, unlike the people in the past, we, the modern people, find other reasons for doing Taekwondo training. For most people, training is a way of maintaining health and not a necessity for one's survivor; since it is not likely that they are going to physically fight with someone, they do not want their skin to be hardened or transformed; the purpose of Taekwondo training changed from 'one death blow' to keeping one's health.

However, unlike the people in the past, we, the modern people, find other reasons for doing Taekwondo training. For most people, training is a way of keeping our health and not a necessity for one's survivor; since it is not likely that they are going to physically fight with someone, they do not want their skin to be hardened or transformed; the purpose of Taekwondo training changed from 'one death blow' to keeping one's health.

Despite the current flow, Taekwondo instructors should go through all the training processes; it is not to weaponize our bodies, but to preserve our traditional training methods and to remember the meaning of training.

Taekwondo gyeorugi conducted with body protectors is a one way of training. It is a popular training method, because through gyeorugi, one not only exercises, but also have fun and get a feeling of accomplishment.

Through the Taekwondo poomsae application, one learns the meaning and practical applications of the Taekwondo poomsaes, maintains health, and also gains a feeling of accomplishment.

Dan-grade poomsaes are to experience all the benefits mentioned above and to be adept at them.

1. 고려 품새 Koryo Poomsae

고려 품새는 유단자 품새 중 발차기의 비중이 높고 태권도의 숙련도를 측정하는데 주로 많이 시연되는 품새이다. 그만큼 사용 빈도수도 많고 동작의 표현이 쉽지 않으며 유급자에서 배우지 않은 새로운 동작들도 많이 있다.

특히 고려 품새는 손을 펴서 하는 동작들이 많이 나오는데 손날뿐 아니라 손끝 아귀손, 손날 바깥치기 등 다양한 동작이 저마다 특색을 드러내고 있다. 단지 품새를 외우는 데서 끝나는 게 아니라 품새 속에 숨어있는 동작들을 배우고 익히는 데 목적이 있다.

Koryo poomsae consists of high percentage of chagis, and it is often performed in demonstrations. Even though it is frequently performed, its movement are very different from the kup-grade poomsaes, and it is not easy to fully realize the each movement. The poomsae also has various hand techniques that use sonnal, sonkkeut, ageumson, sonnal bakkat-chigi and more. One does not learn poomsae to memorize, but to practice each movement and to be adept at them.

(국기원교본)

서기 Seogi	새로운 동작 New movements	교본 동작수 Textbook number of movements	발기술 Foot technique
앞굽이, 뒷굽이, 앞서기, 주춤서기 apgubi, dwigubi, apseogi, juchum-seogi	거듭차기, 손날바깥치기, 한손날 아래막기, 아귀손 칼재비, 무릎꺾기, 안팔목 몸통헤쳐막기, 주먹표적지르기, 편손끝 젖혀지르기, 바탕손 눌러막기, 팔굽옆치기, 메주먹 아래표적치기 geodeuop-chagi, sonnalbakkat-chigi, hansonnal area-makgi, agwison kaljaebi, mureup-kkeokgi, anpalmok-momtong-hecheo-makgi, jumeok-pyojeok-jireugi, pyeon-sonkkeut jeocheo-jireugi, batangson-nulleo-makgi, palgup-yeop-chigi, mejumeok area-pyojeok-chigi	27	5

고려 품새의 기법 Techniques of Koryo poomsae

고려 품새는 현란한 발기술과 손기술을 적절하게 조화시켜 상대를 제압하는 기법으로 되어 있다. 발기술로 상대를 차는 동작 특히 거듭차기는 한번 속였다가 재차 공격하는 특징을 가지고 있는데 이 기술은 우리 태권도에서 밖에 찾아볼 수 없는 기술이다. 지금까지 태권도에 꺾기가 있다고는 이야기하는데 도대체 어디에 있다고 하는 것인지 우리는 정확하게 제시하지 못했다. 유급자 품새에서 잠시 꺾기에 대한 기초를 배웠다. 좀 더 심화 과정의 꺾기 기법이 나오는 품새가 바로 고려의 무릎 꺾기의 동작이다. 이 동작이 고려 품새에서 최초로 등장한다. 고려 품새는 유단자 단계의 입문 과정 중 가장 중요한 단계이다. 손과 발을 적절하게 사용하고 지금까지의 주먹에 의한 타격뿐 아니라 손날의 타격과 손기술의 다양한 타격법도 제시되었기 때문이다.

Koryo poomsae is constructed with splendid foot and hand techniques. The techniques are well harmonized so that one may effectively dominate the opponent. Geodeup chagi is a chagi that tricks the opponent with the first kick and strikes with the second kick; this kick is only seen in Taekwondo. Kkeokgi(lock) in Taekwondo, does not appear in Kup-grade poomsaes. We only brifely covered basics of kkeokgi in the kup-grade learning period. The more advanced use of Kkeokgi appears for the first time in koryo Poomsae; it is a mureup-kkeokgi. Koryo Poomsae is the most important stage when going into the Dan-grade poomsaes. It provides appropriate uses of hand and foot and offers various offense techniques that are performed not only with a jumeok, but also with other hand forms.

고려 주요 품새풀이 Koryo major poomsae application

고려 Koryo	품새풀이 Poomsae application
1번 No.1	거들어 손날 옆막기→거듭 옆차기→손날 바깥치고 몸통지르기→몸통막기 geodeureo sonnal yeop-makgi→geodeup yeop-chigi→sonnal bakkat-chago momtong-jireugi→momtong-makgi
2번 No.1	한손날 아래막기→앞차고 아귀손 칼재비 hansonnal naeryeo-makgi→ap-chago agwison kaljaebi
3번 No.3	앞차기(공격)→무릎꺾기 ap-chigi(attack)→mureup-kkeokgi
4번 No.4	한손날 몸통옆막기→옆차기→혀 젖혀 찌르기 hansonnal momtong-yeop-makgi→yeop-chagi→jeo cheo jireugi
5번 No.5	바탕손 눌러 막기→팔굽 옆치기→날깨펴며 메주먹 아래 표적치기 batangson nulleo makgi→palgup yeop-chigi→nalgae-pyeogi mejumeok area pyojeok(target)-chigi

고려 품새풀이 Koryo Poomsae application

고려	품명	품새풀이
1번	거들어 손날 바깥막기→ 거듭 옆차기→손날 바깥치고 몸통지르기→몸통막기	① 상대가 몸통지르기로 공격해 들어오는 것을 손날 거들어 바깥막고 거듭 옆차기로 공격한다. 거듭 옆차기 할 때 첫 번째 무릎차기는 상대를 유인하는 발차기이고 두 번째 발차기가 결정타이다. ② 거듭 옆차기와 동시에 손날 바깥치고 몸통지르기를 한다. ③ 상대가 몸통지르기를 뒤로 피하며 반격하여 몸통지르기를 할 때 몸통막기를 하고 지르기로 마무리한다.
2번	한손날 아래막기→ 앞차고 아귀손 칼재비	① 상대가 앞차기로 공격해 오면 한 손날 아래막기로 막고 잡아내면서 아귀손 칼재비로 공격한다. ② 칼재비한 손으로 상대의 어깨를 잡아 바깥다리걸기로 넘기기를 한 후 아래 지르기로 마무리한다.
3번	앞차기(공격)→무릎꺾기	공격해 들어오는 앞차기 공격을 발목을 잡으며 동시에 무릎을 눌러 꺾는다. tip) 무릎을 눌러꺾기만 하는 것이 아니라 좌측이나 우측으로 돌려 꺾으며 밀어낸다. 상대는 지면에 한 발로만 지탱하고 있기 때문에 중심을 잡기 어려워 작은 힘에도 뒤로 넘어질 수 있다.
4번	한손날 몸통옆막기→옆차기 → 젖혀 찌르기	① 상대가 몸통지르기로 공격할 때 몸통 옆막기로 막아내는 동시에 몸통 표적지르기를 한다. ② 다시 앞발 옆차기로 옆차기를 찬다. ③ 옆차기를 살짝 피하며 얼굴지르기로 공격할 경우 젖혀찌르기의 막아내며 하단전을 찌르고 잡아끌어 이래지르기로 마무리한다.
5번	바탕손 눌러막기→팔굽 옆치기→날개펴며 메주먹 아래 표적치기	① 상대가 몸통지르기로 공격해 오는 것을 바탕손 눌러막기로 막아내며 팔굽치기를 한다. ② 다시 상대가 전열을 가다듬어 어깨를 잡으로 들어올 때 날개펴듯 뿌리치며 왼 메주먹 표적치기로 상대의 옆구리를 공격하여 마무리 한다.

Koryo	Name of a form	Poomsae application
No.1	geodeureo sonnal bakkat-makgi→geodeup yeop-chagi→sonnal bakkat-chigo momtong-jireugi→momtong-makgi	① When the opponent attacks with a momtong-jireugi, block it with a sonnal geodeureo bakkat-makgi and attack with a geodeup yeop-chagi. The first yeopchigi is to deceive the opponent and the second yeop-chagi is the final blow ② Deliver a geodeup yeop-chagi and do a sonnal bakkat-chigo momtong-jireugi. ③ The opponent avoids the momtong-jireugi and counterattacks with a momtong-jireugi. Block the attack with a momtong-makgi and finish with a jireugi.
No.2	hansonnal naeryeo-makgi→ap-chago agwison kaljaebi	① When the opponent attacks with an ap-chagi, block it with a hansonnal naeryeo-makgi and attack with a agwison. ② Grab the opponent's shoulder with the hand you just attacked, trip him over and deliver a area jireugi.
No.3	ap-chagi(attack)→mureup-kkeokgi	Grab the opponent's ankle when the ap-chagi attack comes in, press the knee and deliver a kkokgi. tip) Push the knee to the left or to the right side as you press it. A little force can break the opponent's balance since the opponent is standing with only one leg.
No.4	hansonnal momtong-yeop-makgi→yeop-chagi→jeocheo jjireugi	① When the opponent attacks with a momtong-jireugi, block the attack with a momtong-yeopmakgi and deliver a momtong pyojeok jireugi at the same time. ② Deliver a yeop-chagi with the front leg. ③ when the opponent avoids the yeop-chagi and counterattacks with a eolgul-jireugi, block and attack with a jeocheo-jjireugi aiming at the lower part of the abdomen. Thrust and pull and deliver a area jireugi.
No.5	batangson nulleo-makgi→palgup yeop-chigi→nalgae-pyeogi mejumeok area pyojeok(target)-chigi	① When the opponent attacks with a momtongjireugi, block it with a batangson nulleomakgi and do a palgup-chigi. ② When the opponent comes in to grab your shoulder after straightening up, shake it off as though you are spreading the wings and strike the opponent's side with a wen mejumeok pyojeok chigi.

고려 품새풀이 1번: 거들어 손날 바깥막기→거듭 옆차기→손날 바깥치고 몸통지르기→몸통막기 1단계
Koryo poomsae application No.1 step 1: geodeureo sonnal bakkat-makgi→geodeup-yeop-chagi→
sonnal bakkatchigo momtongjireugi→momtong-makgi

"준비" 기합
기합 상대가 몸통지르기로 공격해 들어오는 것을 손날 거들어 바깥 막는다.
거듭 옆차기를 차고 상대의 팔뚝을 손날 바깥치기로 치고 몸통지르기를 연결한다.

"Junbi" Kihap

When the opponent attacks with a momtong-jireugi, block it with a sonnal geodeureo bakkat makgi.

Deliver a geodeup yeop-chagi, and hit the opponent's arm with do a sonnal-bakkat-chigi. Deliver a momtong-jireugi.

tip) 지금까지의 동작을 모두 빠르게 연결하는 것이 중요하며 동작을 구현해 낼 때 순간(타이밍, 찰라)과 거리를 잘 계산해 내는 것 또한 상대를 제압해 내는 능력만큼 중요하다.
거듭 옆차기 할 때 첫 번째 무릎차기는 상대를 유인하는 발차기이고 두 번째 발차기가 결정타이다.

It is importance to be able to connect the movements swiftly, and calculating the right distance and timing is also important when making the movements. The first yeopchigi is to deceive the opponent and the second yeop-chagi is the final blow.

고려 품새풀이 1번 숙련과정: 손날 거들어 바깥막기→거듭 옆차기→손날 바깥치고 몸통지르기→몸통막기 2단계
Koryo poomsae application No.1 step 2 advanced: sonnal-geodeureo bakkat-makgi→geodeup yeop-chagi→sonnal bakkat-chigo momtong-jireugi→momtong-makgi

"준비" 기합

상대가 몸통지르기로 공격해 들어오는 것을 손날 거들어 바깥막기로 막고 거듭옆차기로 무릎을 공격한다. 상대가 미리 알고 피했다가 몸통지르기로 공격하는 것을 손날 바깥 막고 몸통지르기 한다. 다시 상대가 몸통지르기로 공격할 때 몸통막기로 막으며 돌려지르기로 마무리한다.

"Junbi" Kihap

When the opponent attacks you with a momtong-jireugi, block it with a sonnal geodeureo bakkat makgi. Deliver a geodeup-yeop-chagi. The opponent avoids it and counterattacks with a momtong-jireugi. Block the attack with a sonnal bakkat makgo momtong-jireugi. The opponent attacks with a momtong-jireugi, block it with a momtong-makgi and attack the opponent with a dollyeo-jireugi.

고려 품새풀이 2번 : 한손날 아래막기→앞차고 아귀손 칼재비 1단계
Koryo poomsae application No.2 step 1: hansonnal naeryeo-makgi→ap-chago agwison kaljaebi

"준비" 기합

상대가 앞차기로 공격해 오면 한손날 아래막기로 막고 잡아내면서 아귀손 칼재비로 공격하여 마무리한다.

"Junbi" Kihap

When the opponent attacks with an ap-chagi, block it with a hansonnal naeryeo-makgi and attack with a agwison kaljaebi.

고려 품새풀이 2번 숙련과정: 한손날 아래막기→앞차고 아귀손 칼재비 2단계
Koryo poomsae application No.2 step 2 advanced: hansonnal naeryeo-makgi→ap-chago agwison kaljaebi

1) "준비" 기합

상대의 앞차기 공격을 한손날 막으며 칼재비로 마무리한다.

"Junbi" Kihap

When the opponent attacks with an ap-chagi, block it with a hansonnal naeryeo-makgi and attack with a kaljaebi.

2) "준비" 기합

상대가 앞차기로 공격해 오면 한손날 아래막기로 막아내며 발목을 돌려 잡으며 걸어 넘기며 아귀손칼제비로 마무리한다.

"Junbi" Kihap

when the opponent attacks with an ap-chagi, block and attack with a hansonnal naeryeo-makgi and a agwison. Hold the opponent's ankle and trip the person over.

고려 품새풀이 3번: 앞차기(공격)→무릎꺾기(숙련과정과 동일)
Koryo poomsae application No.3: ap-chagi(attack)→mureup-kkeokgi(step 2 is the same)

"준비" 기합

상대가 앞차기로 공격해 들어오는 것을 뒤로 살짝 피하며 상대의 발목을 잡고 동시에 무릎을 꺾어 제압한다.

"Junbi" Kihap

The opponent comes in with an ap-chagi. Avoid the attack as you step back. Grab the opponent's ankle when the ap-chagi attack comes in, press the knee and deliver a kkokgi.

tip) 무릎눌러꺾기는 꺾은 뒤 뒤로 밀어내어 마무리하는 동작이지만 비틀어꺾기는 무릎을 왼쪽으로 돌리며 비틀어꺾기로 제압하는 기법이다. A mureup nulleo-kkeokgi is to do a kkeokgi and push back, whereas biteuro-kkeokgi is to turn the knee to the left and do a bieuro-kkeokgi.

고려 품새풀이 4번 : 한손날 거들어 몸통옆막기→옆차기→젖혀 찌르기 1단계
Koryo poomsae application No.4 step 1: hansonnal geodeureo momtong-yeop-makgi→yeop-chagi→jeocheo jjireugi

"준비" 기합

상대가 몸통지르기로 공격하는 것을 한손날 몸통 옆막기로 막아낸다.

막아내는 동시에 표적 몸통 옆 지르기로 상대의 명치를 공격한다.

왼 다리를 들어 옆차기로 상대의 명치나 낭심을 공격한다.

상대가 오른 얼굴지르기로 반격해 들어온다.

공격해 오는 얼굴 지르기를 손날 받아막기로 막아내며 단전이나 낭심을 젖혀 찌르기로 마무리한다.

"Junbi" Kihap

When the opponent attacks with a momtong-jireugi, block the attack with a momtong yeop-makgi.

Strike the solar plexus with a pyojeok momtong yeop jireugi at the same time.

Deliver a yeop-chagi with your left leg to the opponent's solar plexus or genital.

The opponent counterattacks you with an oren eoulgul jireugi.

Block the attack with a sonnal badamakgi and deliver a jeocheo-jjireugi to the lower abdomen or to the genital.

고려 품새풀이 4번 숙련과정: 손날 거들어 몸통옆막기→옆차기→젖혀 찌르기 2단계
Koryo poomsae application No.4 step 2 advanced: sonnal geodeureo momtong-yeop-makgi→ yeop-chagi→jeocheo jjireugi

"준비" 기합

상대가 몸통지르기로 공격하는 것을 손날 몸통 옆막기로 막아내는 동시에 표적 옆 지르기로 상대의 명치를 공격한다.
바로 옆차기로 공격한다. 상대가 오른 주먹지르기로 반격할 때 젖혀 찌르기로 마무리한다.

"Junbi" Kihap

When the opponent attacks with a momtong-jireugi, block the attack with a momtong yeop-makgi and strike the solar plexus with a momtong-pyojeok-jireugi at the same time. Deliver a yeop-chagi instantly. When the opponent counterattacks with an oren jumeok jireugi, atttck him with a jeocheo jjireugi.

tip) 옆차기로 공격하는 목표는 얼굴이 아니라 몸통이나 아래를 차야 한다. 거리가 가까워 얼굴을 공격할 수 없을 뿐 아니라 동작이 커서 상대에게 읽힐 수 있기 때문이다. 사실 이 동작은 상대의 단전을 젖혀찌르기 한 후 젖혀찌르기 한 손끝이 상대의 몸 안을 파고들어 잡아당기는 고도의 필살 기법이 숨어 있다.

The yeop-chagi should aim at the body or the lower body, not the face. It is hard to attack the face because the opponent is at close range, and since the movement is big, the opponent may be able to guess your movement. The real goal of the area-makgi is to put the hand into the opponent's body and pull.

고려 품새풀이 5번 1단계: 바탕손 눌러막기→팔굽 옆치기→날개 펴며 메주먹 아래 표적치기
Koryo poomsae application No.5 step 1: batangson nulleo-makgi→palgup yeop-chigi→nalgae pyeogi mejumeok area pyojeok(target)-chigi

"준비" 기합

상대가 몸통지르기로 공격하는 것을 뒤로 물러 디디며 바탕손 눌러막기로 막아낸다.

바탕손 눌러 막기로 막아낸 후 팔굽 옆치기로 공격한다.

상대가 팔굽옆치기를 맞고 뒤로 물러났다 다시 두 손으로 어깨를 잡으러 들어오는 것을 뿌리치며 메주먹치기로 마무리한다.

"Junbi" Kihap

When the opponent attacks with a momtong-jireugi, step back and block the attack with a batangson nulleo-makgi.

When the opponent attacks with a momtong-jireugi, block it with a batangson nulleo-makgi and do a palgup yeop-chigi.

When the opponent comes in to grab your shoulder after straightening up, shake it off as though you are spreading the wings and strike the opponent's side with a wen mejumeok-chigi.

고려 품새풀이 5번 숙련과정 2단계: 바탕손 눌러막기→팔굽 옆치기→몸통지르기 →날개펴며 메주먹아래 표적치기
Koryo poomsae application No.5 step 2: batangson nulleo-makgi→palgup yeop-chigi→momtong-jireugi→nalgae-pyeogi mejumeok area pyojeok(target)-chigi

"준비" 기합
상대 공격을 살짝 물러 디디며 바탕손 눌러막기로 막는 동시에 팔굽치기를 한다.
"Junbi" Kihap
When the opponent attacks with a momtong-jireugi, block it with a batangson nulleo-makgi and deliver a palgup-chigi at the same time.

tip) 팔굽치기보다는 몸으로 상대를 밀어내는 것이 더욱 효과적이다.
It is better to push the opponent with your body than using a palgup-chigi.

뒤로 물러났다 다시 어깨를 잡으러 들어오는 상대를 바탕손으로 두 손을 뿌리치며 메주먹 옆구리 치기로 마무리한다.
When the opponent comes in to grab your shoulder, shake it off and strike the opponent's side with a mejumeok pyojeok chigi.

tip) 날개펴기는 상대가 잡으러 들어오는 동작을 뿌리치는 동작으로 천권에서 나오는 휘둘러막기와 유사하다. 잡으러 들어오는 상대를 뿌리치는 동작이 쉬울 것 같지만 크게 뿌리쳐야 하기 때문에 품새의 고려 품새의 날개펴기를 자주 수련하지 않으면 뿌리치는 동작이 자연스럽게 연결되지 않는다.
Nalgae-pyeogi is a movement that shakes away the opponent when he comes in to grab you. It is similar with chunkwon's hwidulamakgi. The movement may seem easy, but because it is not a small movement one needs a lot of practice to realize the movement in a consecutive way.

생각해보기 Let's think   지도, 교수법 예시안 an example of teaching methods

단계 Step	학습 요소 Learning elements	교수·지도 활동 Instruction	시간 Duration	주의사항 Caution
1단계 Step 1				
2단계 Step 2				
3단계 Step 3				
4단계 Step 4				

생각해보기 Let's think 심사평가표, 또는 동료 평가표 an evaluation form or a peer evaluation form

평가 항목 Evaluation entry	상(3점) Good(3)	중(2점) Fair(2)	하(1점) poor(1)	계 number	느낀 점(예시) notes(ex:)
품새풀이의 이해도 Understanding of the poomsae application					
정확성 Accuracy					
힘의 강, 유 Power control					
속도의 완, 급 Speed control					
중심이동 Shifting balance					
시선 Gaze					
합 계 total					

승급심사 때 이 평가표를 활용하고 동료 평가표로 활용할 때는 꼭 느낀 점을 써서 서로 공유한다.
Use this evaluation form in Taekwondo advancement tests, and when evaluating peers, write down feedbacks and share with them.

수련의 목적은 자기 완성이다.
The purpose of training is the self-perfection.

금강 품새
Keumgang poomsae

1단계 STEP — **품새풀이 1단계 :** 품새동작의 의미를 알아가는 정형화 되어 있는 과정.
Poomsae application step 1 : a systemized trainingcourse through which trainees learn the meanings of each movement.

2단계 STEP — **품새풀이 2단계 숙련과정 :** 품새풀이 과정을 좀 더 사실적이고 실전에서 사용할 수 있는 응용동작.
Poomsae application step 2 advance : a course throughwhich trainees learn how to use the Poomsae application in real fights.

금강 품새 / Keumgang poomsae

2. 금강 품새 Keumgang poomsae

유단자 품새 중 금강 품새는 기술적인 측면에서 동작이 많지 않고 같은 기술이 반복되는 형태를 이룬다. 하지만 동작 하나하나가 무겁고 웅장하며 동작의 난이도 또한 상당히 높은 편이다.

태권도 기법이 많이 나오지 않지만, 기법 하나하나가 어려운 동작으로 구성되어 있으며 상당한 수련을 통해서만, 구현이 가능하기에 유단자의 수련 깊이를 알 수 있는 품새가 바로 이 금강 품새다. 몸의 균형을 잡는 수련방법이 들어있어 상체와 하체의 조화가 이루어지며 하체의 근력이 향상하는 품새이다.

기술적으로 보면 뒤로 물러 디디며 손날 몸통막기의 동작은 상대를 잡아내는 동작을 의미하며 금강 학다리서기는 상대가 무기 등으로 다리를 공격하는 것을 피해 내는 동작들이다.

큰 돌쩌귀의 동작은 그 의미가 매우 중요하다. 많은 사람이 큰 돌쩌귀가 어떤 동작의 기법이 숨어 있는지 잘 모르거나 몸의 회전을 하는 동작으로 단순하게 생각한다.

하지만 큰 돌쩌귀는 공격에서 없어서는 안 될 기법이 숨겨져 있다. 그 기법이 바로 돌려지르기다. 돌려지르기는 복싱이나 무에타이에서는 훅이라는 기술로 알려졌으며 자주 사용되는 동작이다. 두 번 지르고 돌려지르기(원, 투, 훅)의 복합 기술은 굉장히 위력적이며 강력한 파워를 낸다.

이 훅이라는 기술이 얼마 전까지는 우리 태권도에서 사장되어 있었다. 또 태권도에서 이 기술을 하게 되면 복싱이나 타 무술의 기술을 흉내 냈다고 말하거나 복싱의 기술이라고 말한다.

복싱이나 무에타이, 킥복싱에서는 사용빈도 수가 많고 상대의 얼굴이나 몸통을 치는데 적중률이 높아 강한 인상으로 우리에게 남아 있다. 마치 발차기를 멋지게 잘하면 태권도에서의 기술을 흉내 냈다는 생각을 하는 것과 동일한 이치다.

하지만 타 무술에서 앞차기를 했다고 해서 그 발차기가 태권도의 발차기라고 말하는 사람들은 아무도 없다. 이와 마찬가지로 우리가 훅의 기술로 주먹을 사용했다고 해서 복싱이나 다른 무술을 흉내 냈다고 말할 수 없는 것이다.

태권도 교본 기본 동작편에 엄연히 나와 있는 돌려지르기를 태권도 경기 겨루기에서 파울로 인정되어 거의 사용되지 않게 되자 돌려지르기는 서서히 사장되어 가고 말았다.

그렇다면 돌려지르기, 복싱에서 말하는 훅과 비슷한 기술이 태권도에도 존재하고 있었다는 것을 알아볼 필요가 있는데 이 문제를 해결하려면 지난날의 태권도 교본을 살펴보면 잘 알 수 있을 것이다.

돌려지르기는 엄연히 우리 태권도의 존재하고 있는 멋진 기법 하나다. 1969년에 청도관의 관장인 이원국씨가 집필한 태권도 교범에 보면 이렇게 기술되어 있다.

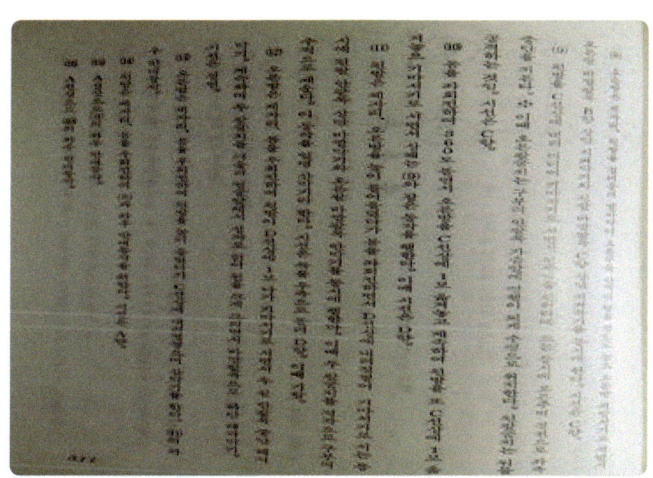

1969년 이원국이 집필한 태권도교범 원본
왼발을 C선상에 내려디디어 기마서기로 서면서 왼주먹을 왼 허리에 끄는 동시에 오른 주먹 정권으로 좌측 중단을 지른다.
※ 이때 오른 팔꿈치는 구부려 안팔목 가슴 앞에 평행이 되게 수평으로 위치한다. 왼팔꿈치는 뒤를 공격하는 것임. 시선은 C방향(태권도교범(跆拳道敎範) 이원국 1969)

금강에서 나오는 돌쩌귀를 돌려지르기, 공격의 형태로 정확하게 기술하여 놓은 것이다.

기본동작에 명시되어 있지만 실제로는 사용되지 않았던 돌려지르기를 하나의 동작 속에 넣어 그 기법을 전수했음을 알려주는 증거가 1969년에 이원국씨의 교본에 수록되어 있다.

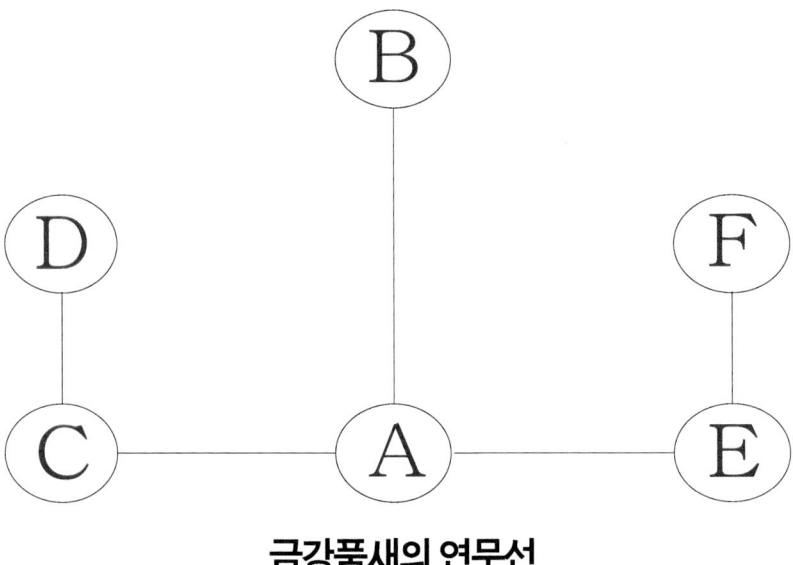

금강품새의 연무선

금강 품새에서 말하는 큰 돌쩌귀는 왼 주먹을 왼 허리에 끄는 동시에 오른 주먹 정권으로 좌측 중단을 지른다. 라고 기술되어 있는데 이것은 공격 기법이라고 말하고 있다.

이처럼 돌려지르기는 매우 훌륭한 태권도의 기법이며 그 몸쓰임을 수련할 수 있는 곳이 유단자 품새인 금강에서인데 기본동작에서 갈고닦은 돌려지르기의 낱 동작을 품새 속에 넣어 그 기법의 실전성을 수련하라는 의미인 셈이다.

또 1973년 대한태권도협회에서 처음 발행한 태권도 교본에 보면 돌려지르기를 기본동작에 삽입시켜놓았는데 큰 돌쩌귀는 돌려지르기이며 돌려지르기는 주먹을 회전이나 반원을 그리며 지르기 하는 공격 기술이다.

주먹이 허리에서부터 목표까지를 원 또는 반원으로 돌려지르기 하는 것.

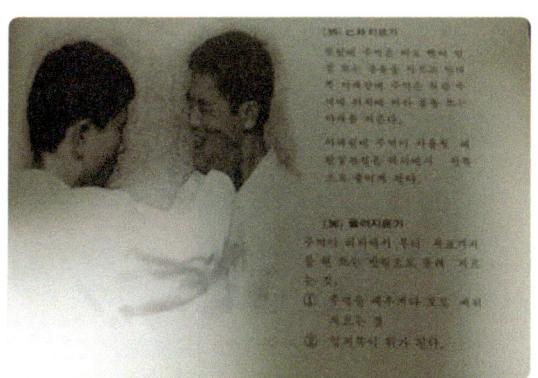

① 주먹을 세우거나 모로 세워 지르기 하는 것.
② 엄지 쪽이 위가 된다. (태권도 교본 대한 태권도협회 1973)

태권도의 대표단체인 대한태권도협회에서 발행한 태권도 교본 품새편(대한 태권도협회 1973)에 사진까지 첨부되어 상세하게 나와 있는 것을 알 수 있다.

최근 들어 제도권에서는 태권도의 손기술에 대한 연구가 한창 진행 중이다. 그중에서도 대한태권도협회에서 발행한 '태권도 실전 손기술'에 보면 태권도의 기본을 잘 익히고 난 것을 전제로 실용적인 손기술인 기본지르기 6단계 중 4단계가 돌려지르기로 기술되어 있다.

(교본) 돌려 지르기   (응용 동작) 모 주춤서기 / 돌려 지르기

세워 돌려 지르기

돌려지르기의 기본기를 잘했다면 응용지르기로 넘어가 수련을 한다. 팔꿈치가 땅을 향하고 있다 돌려지르기를 수행할 때 자연스럽게 팔꿈치가 들리게 되고 이때부터 주먹을 수평으로 지르는데 팔굽을 긁어 친다는 느낌으로 동작을 수행하며...(중략)(KTA 태권도 실전 손기술 2013) 라고 비교적 자세하게 나와 있다.

Keumgang poomsae application is important to know how Keun-doljjeogwi funtions. Most people do not know about the purpose of the movement or misunderstand it as a typical turning movement. However, within the movement, there is an indispensable hidden movement: Dollyeo jireugi.

Dollyeo jireugi is called as Hook in boxing and Muay Tai, and it is often used. Applying a dollyeo jireugi after a dubeon jireugi (one, two, hook) is a formidable combination of movements.

Until recent days, the hook was not used in Taekwondo. When it is used, people say that Taekwondo is imitating other martial arts' movement or it is a boxing technique. They have these misconceptions because the movement is most often used in Muay Tai, boxing and Kick-boxing. Reversely, people make the same mistake when they say Muay Tai, boxing and Kick-boxing copied from Taekwondo when a kick is used. However, no one says an ap-chagi only belongs to Taekwondo when other martial arts use the same technique. In the same way, it is not appropriate to say that Taekwondo copied the hook from other sports.

The fact that Taekwondo Gyeorugi prohibits dollyeo jireugi as a rule caused the misunderstanding that Taekwondo does not have the movement which in fact is in the 'Taekwondo basic movement textbook.'

Let's look at the Taekwondo Textbook.

The original Taekwondo textbook(1969) written by Lee Won Guk.

Put the left foot along the line C. Stand with Gima-seogi. Draw the left jumeok to the left side of the body as you deliver an oren jumeok toward the midleft. When doing it, the right elbow should be bent infront of the chest drawing a parallel line with the body. The left elbow attacks the behind. One should be gazing at the C direction. (Taekwondo Textbook Lee Won Guk 1969)

It is the accurate description of Doljjeogwi as an attack. In 1969, Lee Won Guk had clarified the correct meaning and usage of dollyeo-jireugi in his book.

As it is written above, Keun-doljjeogwi is an offence movement. Through practicing Keumgang poomsae, trainess can learn the practical usage of Dollyeo-jireugi which they have trained in their previous years as a basic movement.

Dollyeo-jireugi is also written in the very first textbook which Korean Taekwondo association has published in 1973. Keun-doljjeogwi is Dollyeo-jireugi which refers to a movement that delivers a jumeok from the performer's waist and strikes the target at the opposite side of the jumeok, drawing a half circle.

The Jumeok is vertically erected.

The thumb goes at the top. (Taekwondo Textbook. Korean Taekwondo association 1973) In recent years, Taekwondo hand techniques are being actively studied. Among the researches, the 'Practical hand techniques of Taekwondo (Korean Taekwondo association)' places Dollyeo-jireugi as the 4th level hand technique from the 6 levels of basic jireugi.

"After practicing the basic dollyeo-jireugi, one may starts its application. When delivering a dollyeo-jireugi, the elbow is lifted from the side of the body and the jumeok strikes the target horizontally, drawing a parallel line with the body..." 'Practical hand techniques of Taekwondo(Korean Taekwondo association).'

서기 Seogi	새로운 동작 New movements	교본 동작수 textbook number of movements	발기술 foot technique
앞굽이, 뒷굽이, 편히서기, 주춤서기, 학다리서기 apgubi, dwigubi, pyeoni-seogi, juchum-seogi, hakdari-seogi	바탕손 턱치기, 한손날 몸통막기, 금강막기, 산틀막기, 큰 돌쩌귀 batangson tuk-chigi, hansonnal momtong-makgi, keumgang-makgi, santeul-makgi, keun doljjeogwi	27	0

이처럼 금강 품새는 동작의 수가 많지 않지만, 기법은 다양하게 존재한다.

As one may see, even though there are only a few movements, the movements consist of various techniques.

금강 주요 품새풀이 Keumgang major poomsae appliction

금강 Keumgang	품새풀이 Poomsae application
1번 No.1	몸통 헤쳐막기→당겨 턱치기 momtong hecheo-makgi→danggyeo teok-chigi
2번 No.2	한손날 막기→학다리 금강막기→큰 돌쩌귀 hansonnal makgi→hakdari keumgang-makgi→keun-doljjeogwi
3번 No.3	산틀막기 santeul-makgi
4번 No.4	헤쳐막기→헤쳐 아래막기 hecheo-makgi→hecheo naeryeo(area)-makgi

금강 품새의 기법 The techniques of Keumgang Poomsae

금강 품새는 품새의 이름에서도 느껴지듯 무한대의 강력한 힘과 무거움, 중후함을 의미한다. 이러한 의미는 동작에서도 나타나는데 학다리 서기 금강막기나 산틀막기, 헤쳐 아래막기 등은 표현하는 몸놀림의 웅장함을 나타내고 있다.

유단자가 되면 고려의 빠르고 정교하며 발차기가 현란하고 많은 동작을 배우고 익혔다면 금강 품새는 지금까지의 정교하고 빠른 몸놀림에서 강한 힘과 균형, 무겁고 웅장하면서 날카로운 손기술의 몸놀림을 배우는 품새라고 말할 수 있다.

As one may feel from the name of the poomsae, it means a formidable power, a heavy weight and dignity. Movements such as hakdari seogi, keumgang-makgi, santeul-makgi, hecheo naeryeo-makgi represents the core theme of the poomsae. While koryo poomsae is elaborate and splendid with many movements, keumkang poomsae is heavy powerful with magnificent movements and sharp hand techniques.

금강 주요 품새풀이 Keumgang major poomsae application

금강 품새	품명	품새풀이
1번	몸통 헤쳐막기→당겨 턱치기	① 상대가 어깨나 허리를 잡아채려고 들어오는 것을 거리와 속도에 맞춰 헤쳐막기한다. ② 헤쳐막기로 막아내는 동시에 한 걸음 내디디며 당겨 턱치기를 하고 상대를 잡아 바깥다리 넘기기로 마무리한다.
2번	한 손날 막기→학다리 금강막기→큰 돌쩌귀	① 상대가 왼 몸통지르기로 공격하면 뒷굽이 손날막기로 막아낸다. ② 다시 상대가 아래돌려차기로 다리를 공격하는 것을 금강 학다리서기로 막고 큰 돌쩌귀 돌려지르기로 마무리한다.
3번	산틀막기	① 상대가 얼굴 지르기로 공격해 오는 것을 오른 산틀막기로 막아내는 동시에 상대의 팔굽을 메주먹으로 공격 상대의 팔을 부러트린다.
4번	헤쳐막기→헤쳐 아래막기	상대가 재빠르게 어깨를 잡으며 들어올 때 헤쳐막기로 헤쳐내며 상대를 밀어내고 상대가 다시 허리를 잡으려고 태클하며 들어오는 것을 아래헤쳐막기로 막아내며 무릎차기하고 손날 목치기로 상대의 목(뒷)덜미를 손날 내려치기로 마무리한다.

Keumgang	Name of a form	Poomsae application
No.1	momtong hecheo-makgi→danggyeo-teok-chigi	① When the opponent comes in to snatch your waist, block it with a hecheo-makgi. ② As you do the hecheo-makgi, one step forward and deliver a danggyeo-teok-chigi and grab the opponent to do a bakkat-dari-numgigi
No.2	hansonnal-makgi→hakdari Keumgang-makgi→keun-doljjeogwi	① When the opponent attacks with a wen momtong-jireugi, block it with a dwigubi sonnal-makgi. ② When the opponent attacks your leg with a area dollyeo-chagi, block it with a Kumgang hakdari seogi and deliver a keun-doljjeogwi.
No.3	santeul-makgi	① The opponent attacks with a eolgul-jireugi. Block it with a oren-santeul-makgi and break the opponent's elbow with a mejumeok.
No.4	hecheo-makgi→hecheo naeryeo(area)-makgi	The opponent quickly comes in to grab your shoulder. Push the opponent's arms away with a hecheo-makgi. Again, the opponent tries to grab your waist. Block it with a area hechco-makgi, deliver a mureup-chagi and sonnal-mok-chigi, and strike the neck with a sonnal-naeryeo-chigi.

금강 품새풀이 1번 1단계: 몸통 헤쳐막기→당겨 턱치기
Keumgang poomsae application No.1 step 1: momtong hecheo-makgi→danggyeo teok-chigi

"준비" 기합
상대가 잡으러 들어오는 것을 헤쳐막기로 막아낸다.
헤쳐막기로 막아내는 동시에 한걸음 내디디며 당겨 턱치기로 상대의 턱을 치며 마무리한다.

"Junbi" Kihap
When the opponent tries to grab you, defend yourself with a hecheo-makgi. As you do the hecheo-makgi, step forward and strike **the opponent's chin with a danggyeo teok-chigi.**

금강 품새풀이 1번 숙련과정 2단계: 몸통 해쳐막기→당겨 턱치기
Keumgang poomsae application No.1 step 2 advanced: momtong hecheo-makgi→danggyeo teok-chigi

"준비" 기합

상대가 거칠게 잡으러 들어오는 것을 부드럽게 헤쳐막기로 막고 한걸음 내디디며 당겨 턱치기로 상대의 턱을 치고 걸어 넘기기로 마무리한다.

"Junbi" Kihap

When the opponent comes in to grab you, block it with a hecheo-makgi and step forward to strike the opponent's chin with a danggyeo teok-chigi. End it with a georeo neomgigi.

tip) 당겨 턱치기를 한 손으로 상대의 어깨나 목을 감싸서 걸어 넘기기를 하는 동작은 더욱 숙련도가 필요하다.

Doing a georeo neomgigi with the same arm used for the danggyeo teok-chigi requires a lot of practice.

금강 품새풀이 2번: 한손날 몸통 막기→학다리 금강막기→큰 돌쩌귀 1단계
Keumgang poomsae application No.2 step 1: hansonnal momtong makgi→hakdari Keumgang-makgi→keun doljjeogwi

"준비" 기합

몸통지르기로 공격해 들어오는 것을 한손날 몸통 막기로 돌려막아 낸다.

아래돌려차기로 재차 공격이 들어오면 금강 학다리서기로 피한다.

아래돌려차기를 피한 후 등을 보인 상대의 옆구리를 향해 돌려지르기(돌쩌귀)를 한다.

"Junbi" Kihap

The opponent attacks you with a momtong-jiruegi. Block it with a hansonnal momtong makgi. Avoid the opponent's area-dollyeo-chagi with a hakdari keumgang-makgi. Deliver a dollyeo-jireugi to the side of the opponent who is showing his back after his failed attack.

팁 TIP

tip) 또 다른 기법
상대가 무기를 들고 들어오는 경우 낮추어 피하기로 피하며 공격하는 기법도 있다.

When facing an armed opponent, one may also avoid the opponent's attack by lowering one's body.

금강 품새풀이 2번 숙련과정: 한손날 몸통막기→학다리 금강막기→큰 돌쩌귀 2단계
Keumgang poomsae application No.2 step 2 advanced: hansonnal momtong-makgi→hakdari Keumgang-makgi→keun-doljjeogwi

"준비" 기합

상대의 오른 반대지르기를 왼손 돌려막기로 막아낸다.

상대가 다시 아래돌려차기로 공격을 들어 올 때 오른 다리로 받아막기를 한다.

오른 돌려지르기로 상대의 급소를 공격하여 마무리한다.

"Junbi" Kihap

Block the opponent's oren bande-jireugi with a wen-son dollyeo-makgi.

When the opponent attacks with a area-dollyeo-chagi, block it with a oren badamakgi using your right leg. Deliver a oren dollyeo-jireugi toward the opponent's vitals.

tip) 아래 돌려차기 막기나 돌려지르기는 상대의 거리를 정확하게 파악한다.
Understand the exact distance between you and your opponent when defending from the orea dollyeo-makgi and delivering the dollyeo-jireugi.

금강 품새 3번: 산틀막기 1단계
Keumgang poomsae No.3 Step 1: santeul-makgi

"준비" 기합
상대가 얼굴 지르기로 공격해 오는 것을 오른 산틀막기로 막아내고 반대 손 왼손 몸통지르기로 마무리한다.

"Junbi" Kihap
The opponent attacks you with an eolgul-jireugi. Block it with an oren santeul-makgi and deliver a wen-son momtong-jireugi.

금강 품새 3번 숙련과정: 산틀막기 2단계
Keumgang poomsae No.3 Step 2 advanced: santeul-makgi

"준비" 기합

두 명이 양어깨를 잡았을 때 산틀막기로 막아내고 뒤쪽에 있던 주먹이 자연스럽게 앞쪽으로 이동된다.

자연스럽게 이동되는 오른 주먹을 반대지르기하며 마무리한다.

"Junbi" Kihap

Two opponents try to grab your shoulder from both sides. Block them with a santeul-makgi. Naturally, the jumeok comes down to your front from your back. Use the oren jumeok to deliver a bandae jiruegi.

tip) 산틀막기의 또 다른 기법 활용!

상대가 얼굴 지르기로 공격해 오는 것을 왼 팔목으로 막아내는 동시에 오른 팔목으로 상대의 공격한 손을 부러트린다.

Another usage of Santeul-makgi.

When the opponent attacks with a eolgul-jireugi, block it with your left arm and break the opponent's arm.

금강 품새풀이 4번: 헤쳐막기→헤쳐 아래막기 1단계(숙련과정과 동일)
Keumgang poomsae No. 4 Step 1: hecheo-makgi→hecheo naeryeo(area)-makgi(step 2 is the same)

"준비" 기합

상대가 재빠르게 어깨를 잡으며 들어올 때 헤쳐막기로 헤쳐내며 상대를 밀어낸다.

상대가 다시 허리를 잡으려고 태클걸며 들어오는 것을 아래 헤쳐막기로 막아내며 무릎차기로 마무리한다.

"Junbi" Kihap

The opponent quickly comes in to grab your shoulder. Push the opponent's arms away with a hecheo-makgi. Again, the opponent tries to grab your waist. Block it with a area hecheo-makgi, and deliver a mureup-chagi.

tip) 태클은 내가 중심을 잃거나 기우뚱거릴 때 나의 중심을 빼앗고 넘어트려 유리한 자세를 선점하려는 의도가 있다. 태클은 우리 입식 타격을 주로 하는 태권도에서 가장 경계해야 할 기술인데 헤쳐막기와 물러 딛기로 상대의 태클을 무력화 시킬 수 있다.

상태의 태클을 무력화시키면 상대의 상체가 낮아지는데 이때 무릎치기는 치명상을 입힐 수 있는 절호의 기회이다. 그리고 상대의 목 뒷부분을 내리쳐 잠깐 기절시키는 기법은 금강에서 배울 수 있는 최고의 기법이다.

The goal of a tackle is to break the balance of a person and to gain the upper position. It is a technique that a Taekwondo practitioner should be cautious about since most of the movements of taekwondo require a seogi. Therefore, a practitioner should emasculate opponents' tackle. By using a hecheo-makgi and a mulleo-ditgi. When a practitioner succeeds in emasculating the tackle, he can deliver a mureup-chigi to the opponent who is still on the ground due to the failed attempt. Furthermore, hitting the opponent's neck to momentarily knock him out is the best technique that one can learn from keumgang.

생각해보기 Let's think 지도, 교수법 예시안 an example of teaching methods

단계 Step	학습 요소 Learning elements	교수·지도 활동 Instruction	시간 Duration	주의사항 Caution
1단계 Step 1				
2단계 Step 2				
3단계 Step 3				
4단계 Step 4				

생각해보기 Let's think 심사평가표, 또는 동료 평가표 an evaluation form or a peer evaluation form

평가 항목 Evaluation entry	상(3점) Good(3)	중(2점) Fair(2)	하(1점) poor(1)	계 number	느낀 점(예시) notes(ex:)
품새풀이의 이해도 Understanding of the poomsae application					
정확성 Accuracy					
힘의 강, 유 Power control					
속도의 완, 급 Speed control					
중심이동 Shifting balance					
시선 Gaze					
합 계 total					

승급심사 때 이 평가표를 활용하고 동료 평가표로 활용할 때는 꼭 느낀 점을 써서 서로 공유한다.
Use this evaluation form in Taekwondo advancement tests, and when evaluating peers, write down feedbacks and share with them.

KTA 태권도 품새풀이
(KTA Taekwondo Poomsae Application)

부드럼움이 강함을 잡을 수 있다.
Softness wins hardness.

태백 품새
Taebaek poomsae

1단계 STEP

품새풀이 1단계 : 품새동작의 의미를 알아가는 정형화 되어 있는 과정.
Poomsae application step 1 : a systemized trainingcourse through which trainees learn the meanings of each movement.

2단계 STEP

품새풀이 2단계 숙련과정 : 품새풀이 과정을 좀 더 사실적이고 실전에서 사용할 수 있는 응용동작.
Poomsae application step 2 advance : a course throughwhich trainees learn how to use the Poomsae application in real fights.

태백 풀이   Taebaek poomsae

V. 유단자 품새풀이 Dan-grade Poomsae application | 299

3. 태백 품새 Taebaek poomsae

태백품새는 유단자 품새 중 날렵하고 빠른 동작을 구사하는 몸놀림을 배우는 단계다. 발차기가 많이 나오고 호신적 요소가 많은 것이 특징이다. 예를 들면 손목빼기나 뒤돌아 세운 등주먹 앞치기는 손목을 잡혔을 때를 가정한 빼기와 치기를 연결할 수 있는 능력을 기른다.

품새풀이로 보면 앞차기와 옆차기의 경우 몸통이나 얼굴 쪽 공격보다 다리나 낭심 공격이 더욱 효과적이다.

Taekbaek poomsae is characterized by agile and fast movements which include various kicks and defense techniques. For instance, movements such as sonmok-ppaegi and dwidora deung-jumeok-ap-chigi improve your chigi and ppeagi techniques which are performed under an assumtion that your wrist is hold by your opponent.

In the case of ap-chagi and yeop-chagi, it is better to attack your opponent's legs or genital rather than his face or upper body.

서기 Seogi	새로운 동작 New movements	교본 동작수 Textbook number of movements	발기술 Foot technique
앞굽이, 뒷굽이, 범서기 apgubi, dwigubi, beom-seogi	손날 아래해처막기, 걷어막기, 금강몸통막기, 손목빼기, 뒤돌아 바깥등주먹치기. sonnal area-hecheo-makgi, geodeo-makgi, kemgang-momtong-makgi, sonmok-ppaegi, dwidora bakkat-deung-jumeok-chigi	26	6

태백 주요 품새풀이 Taebaek major poomsae appliction

태백 Taebaek	품새풀이 Poomsae application
1번 No.1	손날 아래 헤쳐막기→앞차고 두 번 지르기 sonnal area hecheo-makgi→ap-chago dubeon-jireugi
2번 No.2	제비품 목치기→걷어막기→몸통지르기 jebipum mok-chigi→geodeo-makgi→momtong-jireugi
3번 No.3	금강몸통막기→턱 당겨 지르고 몸통옆지르기→옆차고 팔굽치기 keumgang-momtong-makgi→teok danggyeo jireugo momtong-yeop-jireugi→yeop-chago palgup-chigi
4번 No.4	옆차고 팔굽치기 yeop-chago palgup-chigi
5번 No.5	거들어 손날막기→손끝찌르기→손목빼기→뒤돌아 바깥등주먹치기 geodeureo sonnal-makgi→sonkkeut-jjiruegi→sonmok-ppaegi→dwidora bakkat-deungjumeok-chigi

태백 주요 품새풀이 Taebaek major poomsae application

태백 품새	품명	품새풀이
1번	손날 아래 헤쳐막기→앞차고 두 번 지르기	① 앞차기를 아래헤쳐막기로 막아낸다. ② 앞차고 두 번 지르기를 신속하게 연결한다.
2번	제비품 목치기→걷어막기→주먹지르기	① 제비품 목치기로 상대의 공격을 차단한다. ② 걷어막기로 가볍게 막고 상대의 몸통이나 얼굴을 공격 마무리한다.
3번	금강몸통막기→턱 당겨지르고 몸통옆지르기→옆차고 팔굽치기	상대가 어깨나 머리를 잡으러 들어오는 것을 금강 몸통막기로 막아내며 바로 턱 당겨 지르기와 몸통옆지르기를 한다.
4번	옆차고 팔굽치기	상대가 주먹으로 공격해 들어올 때 주먹을 메주먹으로 쳐내며 옆차기는 상대의 다리나 명치를 차고 팔굽치기 한다.
5번	손날막기→손끝찌르기→손목빼기→뒤돌아 바깥등주먹 치기	① 상대의 주먹을 손날막기로 막아낸다. ② 막은 손을 잡혔을 때 뒤로 빠지며 손목빼를 하고 재빠르게 뒤돌아 세운 바깥등주먹치고 지르기로 마무리한다.

Taebaek	Name of a form	Poomsae application
No.1	sonnal area hecheo-makgi→ap-chago dubeon jireugi	① Block the opponent's ap-chagi with an area hecheomakig ② Consecutively, deliver an ap-chago dueon jireugi
No.2	jebipum mokchigi→geodeomakgi→jumeok-jireugi	① Block the opponent's attack with a jebipum mokchigi ② Block the attack with a geodeomakgi and deliver a momtong or eolgul jumeok-jireugi
No.3	keumgang-momtong-makgi→teok ddangyeo-jireugo momtong-yeop-jireugi→yeop-chago palgup-chigi	When the opponent tries to grab your shoulder or head, block it with a keumgang momtong-makgi and deliver a teok-ddangyeo jirerugi and momtong yeop jireugi
No.4	yeop-chago palgupchigi	When the opponent attacks with a jumeok, push it away with a mejumeok and strike the opponent's leg or solar plexus with a yeop-chagi. Consecutively deliver a palgupchigi.
No.5	sonnal-makgi→sonkkeut-jjireugi→sonmok-ppaegi→dwidora bakkat-deungjumeok chigi	① Block the opponent's jumeok with a sonnal-makgi. ② The opponent grabs your defending hand. Step back as you do a sonmok-ppaegi and quickly turn as you deliver a bakkat-deungjumeok-chigo jireugi.

태백 품새풀이 1번 1단계: 손날 아래 헤쳐막기→앞차고 두 번 지르기
Taebaek poomsae application No.1 step 1: sonnal area hecheo-makgi→ap-chago dubeon jireugi

"준비" 기합
앞차기로 공격해 들어오는 상대를 손날 아래 헤쳐막기로 막아낸다.
앞차기로 상대의 낭심(몸통)을 공격하고 재빠르게 두 번 지르기를 한다.

"Junbi" Kihap
Block the opponent's ap-chagi with an sonnal area hecheo-makig.
Strike the opponent's upper body with an ap-chagi and quickly deliver a dueon jireugi.

tip) 발차기로 상대를 무력화 시킬 때는 낭심이나 몸통 등 높은 목표보다 낮은 목표가 유리하다. 하지만 품새 대회에서는 미적(美的) 요소 때문에 높이 차는 것을 권장한다.

It is better to aim at your opponent's lower body than the upper body. It is suggested, however, to aim higher when performing in a poomsae competition due to aesthetic reasons.

태백 품새풀이 1번 숙련과정: 손날 아래 헤쳐막기→앞차고 두 번 지르기 2단계
Taebaek poomsae application No.1 step 2 advanced: sonnal area hecheo-makgi→ap-chago dubeon-jireugi

"준비" 기합

상대의 앞차기 공격을 손날 아래 헤쳐막기를 한 손으로 받아막기 하듯이 부드럽게 막아내고 다른 한 손은 상대의 반격에 대비한다. 앞차기를 명치나 낭심으로 공격 후 두 번 지르기로 마무리한다.

"Junbi" Kihap

Block the opponent's ap-chagi with an sonnal area hecheo-makig. Do the hecheo-makgi with one hand and keep the other hand for defense.
Strike the opponent's solar plexus or genital with an ap-chagi, and deliver a dueon jireugi.

tip) 실전에서는 이 모든 동작이 신속히 이루어져야 하며 아래 헤쳐 막기를 부드럽게 막아내야 다음 동작을 할 수 있고 상대의 공격을 미연에 방지할 수 있다. 그만큼 방어법이 중요하다. 손날의 막기는 앞서 맞추어 기본 공방법 1단계에서 배웠던 동작이므로 반복하여 수련한다.
In the real situation, all movements has to be executed as quickly as possible. In order to deliver an attack after a defense movement, the movement has to be made smoothly. You have already learned sonnal-makgi from the basic machuo gyeorugi level 1. Practice repeatedly.

태백 품새풀이 2번 : 제비품 목치기→걷어막기→주먹지르기 1단계
Taebaek poomsae application No.2 step 1: jebipum mok-chigi→geodeo-makgi→jumeok-jireugi

"준비" 기합
오른 주먹지르기 공격을 제비품 목치기로 막고 동시에 공격한다.
상대가 몸통지르기로 반격하면 걷어막기로 막고 곧바로 지르기 한다.

"Junbi" Kihap
Block and attack the opponent's attack with a jebipum mokchigi.
The opponent counterattacks you with a momtong-jireugi. Block the attack with a geodeo-makgi and deliver a jireugi.

tip) 걷어막기는 잡아끌면서 상대의 급소를 지르는 것이 더욱 효과적이다.
When doing the geodeomakgi, it is better to pull the opponent and strike his vitals.

태백 품새풀이 2번 숙련과정: 제비품 목치기→걷어막기→주먹지르기 2단계
Taebaek poomsae application No.2 step 2 advanced: jebipum mok-chigi→geodeo-makgi→jumeok-jireugi

"준비" 기합

제비품 목치기→걷어막기→주먹지르기 순서로 막아내는데 상대의 주먹이 빠르기 때문에 몸의 반응 속도를 높일 수 있는 훈련이 필요하다.

"Junbi" Kihap

Do jebipum mokchgi→geodeomakgi→jumeok-jireugi in order. Your opponent's attack maybe very fast. Practice this defense sequence so that your body can react to the attack.

태백 품새풀이 3번: 금강몸통막기→턱 당겨지르고 몸통옆지르기→옆차고 팔굽치기 1단계
Taebaek poomsae application No.3 Step 1: keumgang-momtong-makgi→teok ddangyeo jireugo momtong-yeop-jireugi→yeop-chago palgup-chigi

"준비" 기합

상대의 오른 주먹지르기를 금강몸통막기로 막는다. 이때 중심을 뒤로 주는 뒷굽이의 중심이동이 되도록 한다. 상대의 턱과 옆지르기를 신속하게 한다.

"Junbi" Kihap

Block the opponent's oren jumeok-jireugi with a keumgang-momtong-makgi. Put the most of your weight to your hind leg when doing the dwigubi. Quickly strike the opponent's chin with a teok-jireugi and a yeop-jireugi.

태백 품새풀이 3번 숙련과정: 금강몸통막기→턱 당겨지르고 몸통옆지르기→옆차고 팔굽치기 2단계
Taebaek poomsae application No.3 Step 2 advanced: keumgang-momtong-makgi→teok ddangyeo-jireugo momtong-yeop-jireugi→yeop-chago palgup-chigi

"준비" 기합

상대가 어깨를 잡으러 들어오는 것을 금강 몸통막기로 막아낸다. 턱 당겨지르기로 상대의 아래턱을 가격한다. 연이어 상대의 인중이나 목(경동맥)을 왼 주먹 돌려지르기로 마무리한다.

"Junbi" Kihap

When the opponent tries to grab your shoulder or head, block it with a keumgang momtong-makgi and strike the opponent's chin with a teok ddangyeo-jireugi. Then, deliver a wen jumeok dollyeo-jireugi.

팁 TIP

tip) 실제 공격하는 동작은 신속하고 빠르게 진행한다. 마지막의 왼 돌려지르기는 치명상을 줄 수도 있다. 금강몸통막기는 상대의 태클을 막는 방법과 상대가 무기를 들고 내려치는 것을 빼앗는 동작으로도 해석이 가능하다.

The attack should be proceeded quickly. The last wen dollyeo-jireugi is a lethal blow. The keumgang-momtong-makgi could be translated as a movement that blocks the opponent's tackle and at the same time takes away his weapon.

태백 품새풀이 4번: 옆차고 팔굽치기 1단계
Taebaek poomsae application No.4 Step 1: yeop-chago palgup-chigi

"준비" 기합
상대가 주먹지르기로 공격이 들어올 때 메주먹으로 상대의 주먹을 쳐내며 옆차기 한다.
 "Junbi" Kihap
When the opponent comes in with a jumeok-jireugi, push the opponent's fist away with a mejumeok and deliver a yeop-chagi.

tip) 상대의 팔을 쳐내는 역할도 가능하다. You may push away the opponent's arm

태백 품새풀이 4번 숙련과정: 옆차고 팔굽치기 2단계
Taebaek poomsae application No.4 Step 2 advanced: yeop-chago palgup-chigi

상대의 지르기에 즉각 반응하여 메주먹으로 걷어내며 옆차기를 하고 팔굽치기로 마무리한다.
When the opponent comes in with a jireugi, react to it instantly. Push the opponent's fist away with a mejumeok, deliver a yeop-chagi and a palgup-chigi.

태백 품새풀이 5번: 손날막기→손끝찌르기→손목빼기→뒤돌아 바깥등주먹 치기 1단계
Taebaek poomsae application No.5 Step 1: sonnal-makgi→sonkkeut-jjiruegi→sonmok-ppaegi→dwidora bakkat deungjumeok chigi

손목빼기는 상대의 가장 약한 엄지와 검지 사이로 손목을 회전하여 뺀다.

When doing a sonmok-ppaegi, turn your wrist between the opponent's thumb and index finger, and pull and free your wrist.

태백 품새풀이 5번 숙련과정: 손날막기→손끝찌르기→손목빼기→뒤돌아 바깥등주먹 치기 2단계
Taebaek poomsae application No.5 Step 2: sonnal-makgi→sonkkeut-jjiruegi→sonmok-ppaegi→dwidora bakkat-deungjumeok chigi

상대에게 손목을 잡혔을 때 손목빼기로 빼고 뒤를 돌며 상대의 얼굴이나 관자놀이 명치 등을 다양하게 공격한다.

When your opponent gets hold of your wrist, free your wrist with a sonmok-ppaegi, and turn your body to attack the opponent's temples or solar plexus.

어깨와 팔꿈치 손목 그리고 등주먹 순으로 점진적으로 공격한다. 몸놀림을 빠르게 하면 시각적으로 보이지 않을 수 있다. Gradually attack with your shoulder, elbow, wrist, and deung jumeok. The details of movement may not be observed if it is executed quickly.

tip) 등주먹 바깥치기(뒤돌며)는 상당한 파괴력을 가지고 있다. 하지만 뒤로 돌며 공격을 할 때는 상대에게 등을 보이게 되므로 상대의 반격에 주의해야 한다. A deung-jumeok bakkat-chigi(turn) has a formidable power. However, since the movement exposes your back to the opponent, you need to be cautious about the opponent's counter attack.

팁 TIP

※ 잘못된 동작 Wrong movement
등주먹 앞치기는 팔의 등주먹, 팔꿈치, 어깨가 일직선으로 돌아가며 공격하는 동작은 잘못된 동작이다. One should not make a straight line with one's deung-jumeok, elbow and shoulder when turning to deliver a deung-jumeok apchigi.

생각해보기 Let's think 지도, 교수법 예시안 an example of teaching methods

단계 Step	학습 요소 Learning elements	교수·지도 활동 Instruction	시간 Duration	주의사항 Caution
1단계 Step 1				
2단계 Step 2				
3단계 Step 3				
4단계 Step 4				

생각해보기 Let's think — 심사평가표, 또는 동료 평가표 an evaluation form or a peer evaluation form

평가 항목 Evaluation entry	상(3점) Good(3)	중(2점) Fair(2)	하(1점) poor(1)	계 number	느낀 점(예시) notes(ex:)
품새풀이의 이해도 Understanding of the poomsae application					
정확성 Accuracy					
힘의 강, 유 Power control					
속도의 완, 급 Speed control					
중심이동 Shifting balance					
시선 Gaze					
합계 total					

승급심사 때 이 평가표를 활용하고 동료 평가표로 활용할 때는 꼭 느낀 점을 써서 서로 공유한다.
Use this evaluation form in Taekwondo advancement tests, and when evaluating peers, write down feedbacks and share with them.

KTA 태권도 품새풀이
(KTA Taekwondo Poomsae Application)

태권도 기술 중 가장 어려운 동작이 몸통지르기다.
The hardest movement in Taekwondo is a momtong-jireugi.

평원 품새
Pyongwon poomsae

1단계 STEP

품새풀이 1단계 : 품새동작의 의미를 알아가는 정형회 되어 있는 과정.
Poomsae application step 1 : a systemized trainingcourse through which trainees learn the meanings of each movement.

2단계 STEP

품새풀이 2단계 숙련과정 : 품새풀이 과정을 좀 더 사실적이고 실전에서 사용할 수 있는 응용동작.
Poomsae application step 2 advance : a course throughwhich trainees learn how to use the Poomsae application in real fights.

평원 품새   Pyongwon poomsae

V. 유단자 품새풀이 Dan-grade Poomsae application

4. 평원 품새 Pyongwon Poomsae

평원 품새는 품새의 선이 "-" 일자다. 유일하게 방향전환이 없다. 좌, 우로 움직이며 나타나는 몸놀림을 익힐 수 있도록 구성되어 있다.

주춤서기가 많이 나와서 몸의 밸런스를 유지시켜 주는 효과가 있다. 발차기는 앞차기와 몸돌아 옆차기가 동시에 나오는 섞어 차기가 있다.

2대1의 가상의 적을 공격하는 동작도 포함되어 있는 것이 특징이다. 또 평원에는 걸어막기의 동작이 나온다. 국기원 태권도 기술 용어집에 보면 걸어막기는 상대방이 손이나 발로 공격하여 올 때 팔이나 다리 등으로 걸어서 공격을 미리 차단하는 기술이라고 되어 있다.

상대의 힘을 이용한 걸어막기는 아래돌려차기의 공격을 받아낼 때도 사용할 수 있다.

The formation of Pyongwon Poomsae draws a straight line. It is the only poomsae that doesn't have a turn; it only moves to right and left directions. The main stance is a Juchum seogi which develops one's body balance. The main kick is a chagi that include both an ap-chagi and a dora-yeop-chagi. Some movements are constructed to deal with two opponents at the same time. Furthermore, there is a defense movement called 'Georeo-makgi.' Kukkiwon Taekwondo technique terminology describes the movement as a blocking skill to trip up the assailant's attacking hand or foot with the defender's arm or leg to intercept the attack in advance.

서기 Seogi	새로운 동작 New movements	교본 동작수 Textbook number of movements	발기술 Foot technique
앞굽이, 뒷굽이, 주춤서기, 꼬아서기 apgubi, dwigubi, juchumseogi, kkoa seogi	팔굽올려치기, 휘둘러 손날 아래막기, 거들어 옆막기, 멍에치기 Palgup-ollyeochigi, hwidulleo sonnal areamakig, geodeureo yeopmakgi, meonge-chigi	21	6

평원 주요 품새풀이 Pyongwon major poomsae appliction

평원 Pyongwon	품새풀이 Poomsae application
1번 No.1	한손날 아래헤쳐막기→통밀기 준비 hansonnal area-hecheo-makgi→tongmilgi junbi
2번 No.2	한손날 아래막기→한손날 막고 팔굽올려치기 hansonnal area-makgi→hansonnal makgo palgup-ollyeo-chigi
3번 No.3	앞차고 몸돌아 옆차기 ap-chago momdora yeop-chagi
4번 No.4	거들어 옆막기→짖찢어 당겨 턱치고 당겨턱치기 geodeureo yeopmakgi→jitjjiko dangyeo teokchigi danggyeo-teokchigi
5번 No.5	멍에치기→헤쳐 산틀막기 meongechigi→hecheo-santeul-makgi

평원 주요 품새풀이 Pyongwon major poomsae application

평원 품새	품명	품새풀이
1번	손날 아래헤쳐막기→통밀기 준비	양 손목을 잡혔을 때 돌려 빼고 밀어내기
2번	한손날 아래막기→ 한손날막고 팔굽올려치기	**2대1 상황** 첫 번째 공격 상대의 앞차기를 한 손날 아래막고 다시 공격해 오는 상대를 한손날 막으며 동시에 팔굽치기로 마무리
3번	앞차고 몸돌아 옆차기	상대의 공격을 앞차고 몸돌아 옆차기
4번	거들어 옆막기→짖찢어 당겨 턱치고 당겨턱치기	**2대1 상황** 얼굴지르기고 공격이 들어올 때 옆 막으며 돌려지르기 하고 다시 다른 상대가 얼굴지르기기로 공격하는 것을 바탕손 눌러 막기로 막고 등주먹 앞치기
5번	멍에치기→ 헤쳐 산틀막기	상대에게 껴 안겼을 때 멍에 빼기로 빼고 산틀막기로 헤치며 상대를 밀어낸다

Pyongwon poomsae	Name of a form	Poomsae application
No.1	sonnal area-hecheo-makgi→tongmilgi junbi	When both of your hands are hold by the opponent, do a dollyeo ppaegi and push away
No.2	hansonnal area makig→hansonnal-makgo palgup-ollyeo-chigi	**Faced with two opponents** Block the first opponent's ap-chagi with a hansonnal-area-makig, and block and attack the second opponent with a hansonnal makig and a palgup-chigi
No.3	ap-chago momdora yeop-chagi	When the opponent attacks, kick away the attack with an ap-chago momdora yeop-chagi
No.4	geodeureo yeop-makgi→jitjjiko-dangyeo teok-chigi danggyeo-teok-chigi	**Faced with two opponents** When the attack comes in toward your face, block it with a yeop-makgi and deliver a dollyeo-jireugi. The second opponent attacks with an eolgul jireugi. Block it with a batangson nulleo-makgi and deliver a deungjumeok ap-chigi
No.5	meonge-chigi→hecheo santeul-makgi	When the opponent tries to hug you, get out of it as you do a meonge-ppaegi, and push the opponent away as you do a santeul-makgi

평원 품새풀이 1번: 손날 아래헤쳐막기→통밀기 준비 1단계(숙련과정과 동일)
Pyongwon poomsae application: sonnal-area-hecheo-makgi→tongmilgi junbi(step 2 is te same)

"준비" 기합

상대에게 양팔을 잡혔을 때 손가락이 아래로 향하게 하고 손을 최대한 편다. 상대의 힘을 밑으로 보냈다가 하늘을 향하여 빼기할 때 가장 약한 부위인 엄지손가락 쪽으로 손목을 들어 올려 빼기를 한다. 이어서 빠진 손으로 상대를 밀어낸다.

"Junbi" Kihap

When your opponent get hold of your both arms, have your thumbs downwards and spread your hands as much as you can. Direct the opponent's force downwards and face your arms upward. Pull your arms through the left and right index fingers and thumbs of the opponent. When your arms are freed, push the opponent away.

tip) 상대가 아무리 강하게 잡았다 해도 엄지손가락 부위 쪽은 견뎌 낼 수 없다. 태백의 손목빼기 또한 이와 같은 원리다. Your opponent's grip may be really strong, but the thumb area is the weakest point of a hand. The sonmok-ppaegi of Taebaek follows this rule.

평원 품새풀이 2번: 손날 아래막기→한손날막고 팔굽올려치기 1단계
Pyongwon poomsae application No.2 step 1: sonnal area-makgi→hansonnal makgo palgup ollyeo chigi

"준비" 기합

첫 번째 공격 상대의 앞차기를 손날 아래막기로 막아낸다.

다시 다른 한 명이 연이어 주먹지르기로 공격해 오는 상대를 한손날 막으며 동시에 팔굽올려치기로 마무리한다.

"Junbi" Kihap

Block the first opponent's ap-chagi with a sonnal area-makig. Another opponent attacks you with a jumeok-jireugi. Block and attack the second opponent with a hansonnal-makgi and a palgup-chigi.

평원 품새풀이 2번 숙련과정: 손날 아래막기→한손날막고 팔굽올려치기 2단계
Pyongwon poomsae application No.2 step2 advanced: sonnal area-makgi→hansonnal-makgo palgup-ollyeo-chigi

"준비" 기합

상대의 앞차기를 막아내면서 방향을 전환 주먹지르기를 막고 잡아끌어 상대의 아래턱을 팔굽올려치기로 마무리한다.

"Junbi" Kihap

Block the oponent's ap-chagi. Turn your body and defend yourself from another jumeok-jireugi. Grab the opponent's hand and pull. Attack the opponent's chin with a palgup ollyeo-chigi.

tip) 두 번째 한손날 막기는 막아내면서 동시에 손목을 잡아챈다. When doing the second hansonnal-makgi, you should grab the opponent's hand as you defend.

평원 품새풀이 3번: 앞차고 몸돌아 옆차기 1단계(숙련과정과 동일)
Pyongwon poomsae application No.3 step 1: ap-chago momdora yeop-chagi(step 2 is the same)

"준비" 기합

상대의 지르기를 피하지 않고 바로 앞차기로 반격한다. 앞차기를 맞고 뒤로 물러섰다 다시 돌려차기로 반격을 시도하는 상대를 몸돌아 옆차기로 받아치기를 하며 마무리한다.

"Junbi" Kihap

Without avoiding the opponent's jiruegi, counterattack the opponent with an ap-chagi. The opponent steps back after being attacked, and tries to make a counterattack. Do a badachigi with a dora yeop-chagi.

tip) 뒷차기 받아치기는 엄청난 파괴력을 가지고 있다. 상대의 장기를 손상 시킬 수도 있는 무서운 기술인데 이 기술은 태권도 경기에서도 많이 볼 수 있다. Using a dwi-chagi as a bada chagi is very powerful to such an extent as to damage your opponent's internal organs. This technique is often seen in Taekwondo Gyeorugi games.

평원 품새풀이 4번: 거들어 옆막기→짓찔어 당겨 턱치고 당겨턱치기 1단계
Pyongwon poomsae application No.4 step 1: geodeureo yeop-makgi→jitjjiko dangyeo teok-chigi danggyeo-teok-chigi

"준비" 기합

주먹지르기로 공격하는 상대를 뒤로 물러 디디며 거들어 옆막기로 막아내며 돌려지르기 한다. 돌려지르기를 막고 뒤로 물러섰다 다시 지르기로 공격해 들어오는 것을 바탕손 눌러 막기로 막고 등주먹을 연속하여 공격한다.

"Junbi" Kihap

When the opponent attacks you with a jumeok-jireugi, step back, block the attack with a geodeureo-yeop-makgi and deliver a dollyeo-jireugi. The opponent blocks your dollyeo-jireugi, steps back and reattacks you with another jireugi. Block the attack with a batangson-nulleo-makgi and deliver a deungjumeok-chigi.

평원 품새풀이 4번 숙련과정: 거들어 옆막기→짓찧어 당겨 턱치고 당겨 턱치기 2단계
Pyongwon poomsae application No.4 step 2: geodeureo yeopmakgi→jitjjiko dangyeo teokchigi danggyeo-teokchigi

"준비" 기합

상대의 지르기 공격을 거들어 옆막기로 막는 동시에 돌려지르기 공격을 하고 상대가 다시 뒤로 물러났다 공격해오면 바탕손 눌러 막기와 동시에 들어오는 다리를 걸어막기[1]로 막아낸다. 그리고 등주먹 앞치기를 연속하여 공격해 마무리한다.

"Junbi" Kihap

When the opponent attacks you with a jumeok-jireugi, block the attack with a geodeureo-yeop-makgi and at the same time, deliver a dollyeo-jireugi. The opponent steps back and reattacks you with another jireugi. Block the attack with a batangson nulleo-makgi and at the same time, block the opponent's leg with a georeo-makgi[2]. Deliver a deung jumeok chigi.

---

1) 걸어막기: 상대방의 공격을 미리 차단하는 기술. 상대방이 손이나 발로 공격하여 올 때 팔이나 다리 등으로 걸어서 공격을 미리 차단하는 기술(태권도 기술용어집 2011)
2) Georeo-makgi: This is a blocking skill to trip up the assailant's attacking hand or foot with the defender's arm or leg to intercept the attack in advance.

tip) 다리를 걸어 막는 것은 상대의 중심을 흔들어 놓고 다시 상대의 어깨를 잡아 던지기, 꺾기 등으로 변화될 수 있다. 하지만 숙련이 되지 않으면 이 기술을 사용할 수 없으니 연습이 필요하다. Defending with a georeo-makgi breaks the opponent's balance. It can lead to other techniques such as a kkeokgi and a throwing. However, one needs a lot of practice to be adept at this skill.

평원 품새풀이 5번: 멍에치기→헤쳐 산틀막기 1단계
Pyongwon poomsae application No.5 step 1: meonge-chigi→hecheo santeul-makgi

 "준비" 기합
상대가 껴안았을 때 멍에 빼기로 빼고 상대를 밀어낸다.
상대가 다시 주먹지르기와 아래 돌려차기로 연이어 공격해 오면 금강 산틀막기로 헤쳐막고 동시에 학다리서기로 아래돌려차기를 피한다.
옆차기를 차지만 상대가 피하고 주먹으로 공격이 들어올 때 팔굽치기(옆구리)로 마무리한다.
 "Junbi" Kihap
When the opponent tries to hug you, get out of it using a meonge-ppaegi, and push the opponent away. The opponent attacks you once again with a jumeok jiruegi and an area dollyeo-chagi. Block the attacks with a Keumgang-hecheo-santeul-makgi and avoid the area dollyeo-chagi by doing a hakdari-seogi. Deliver a yeop chagi, but the opponent avoids it. When the opponent comes in with a jumeok, deliver a palgup-chigi(side).

평원 품새풀이 5번 숙련과정: 멍에치기→헤쳐 산틀막기 2단계
Pyongwon poomsae application No.5 step 2: meongechigi→hecheo santeul-makgi

"준비" 기합

상대가 껴안았을 때 멍에 빼기로 빼고 상대를 밀어낸다. 아래돌려차기와 주먹으로 다시 공격시 아래 받아막기로 막고 얼굴바깥막기로 막아내는 동시에 팔굽치기로 마무리한다.

"Junbi" Kihap

When the opponent tries to hug you, get out of it using a meonge-ppaegi, and push the opponent away. The opponent attacks you once again with a jumeok jiruegi and an area dollyeo-chagi. Block the attacks with a Keumgang-hecheo-santeul-makgi and avoid the area dollyeo-chagi by doing a hakdari-seogi. Deliver a yeop-chagi, but the opponent avoids it. When the opponent comes in with a jumeok, deliver a palgup-chigi(side).

생각해보기 Let's think 지도, 교수법 예시안 an example of teaching methods

단계 Step	학습 요소 Learning elements	교수·지도 활동 Instruction	시간 Duration	주의사항 Caution
1단계 Step 1				
2단계 Step 2				
3단계 Step 3				
4단계 Step 4				

생각해보기 Let's think 심사평가표, 또는 동료 평가표 an evaluation form or a peer evaluation form

평가 항목 Evaluation entry	상(3점) Good(3)	중(2점) Fair(2)	하(1점) poor(1)	계 number	느낀 점(예시) notes(ex:)
품새풀이의 이해도 Understanding of the poomsae application					
정확성 Accuracy					
힘의 강, 유 Power control					
속도의 완, 급 Speed control					
중심이동 Shifting balance					
시선 Gaze					
합 계 total					

승급심사 때 이 평가표를 활용하고 동료 평가표로 활용할 때는 꼭 느낀 점을 써서 서로 공유한다.
Use this evaluation form in Taekwondo advancement tests, and when evaluating peers, write down feedbacks and share with them.

고수는 단(段)이 높다고 되는 것이 아니다.
Higher Dan(段) doesn't prove one's proficiency.

십진 품새
Sipjin poomsae

1단계 STEP

품새풀이 1단계 : 품새동작의 의미를 알아가는 정형화 되어 있는 과정.
Poomsae application step 1 : a systemized trainingcourse through which trainees learn the meanings of each movement.

2단계 STEP

품새풀이 2단계 숙련과정 : 품새풀이 과정을 좀 더 사실적이고 실전에서 사용할 수 있는 응용동작.
Poomsae application step 2 advance : a course throughwhich trainees learn how to use the Poomsae application in real fights.

십진 품새   Sipjin poomsae

5. 십진 품새 Sipjin Poomsae

    고단자 품새인 십진은 발차기보다 손동작이 많이 나오는 품새다. 손기술의 다양한 공격과 방어를 경험하면서 손기술의 거리와 타이밍을 심화해서 배울 수 있다. 일반 수련생들이 여기까지 배울 수 있는 것은 아니다. 하지만 태권도 지도자나 전공자들은 고단자 품새의 첫걸음인 십진의 손동작을 세부적이고 자세하게 사용하는 방법을 배우는 것이 마땅할 것이다.

    Sipjin Poomsae is an advanced Dan-grade poomsae, which has more number of hand techniques than foot techniques. Trainees may experience various hand offense and defense techniques and understand the right distance and timing when using the techniques. While this is not required from regular trainees, Taekwondo instructors and specialists need to pay attention, learn and understand the details of these hand techniques which are the bases for even higher poomsaes.

서기 Seogi	새로운 동작 New movements	교본 동작수 Textbook number of movements	발기술 Foot technique
앞굽이, 뒷굽이, 주춤서기, 꼬아서기 apgubi, dwigubi, juchumseogi, kkoa-seogi	황소막기, 손바닥 몸통 거들어 바깥막기, 바위밀기, 끌어올리기, 손날등 몸통헤쳐막기, 쳇다리 지르기, 거들어 등주먹앞치기, 손날 엇걸어 아래막기, 손날등 몸통막기 hwangso-makgi, sonbadak momtong geodeureo bakkat-makgi, bawi-milgi, kkeureo-olligi, sonnaldeung momtong-hecheo-makgi, chetdari jireugi, geodeureo deungjumeok-ap-chigi, sonnal eotgeoreo erea-makgi, sonnaldeung momtong-makgi	28	3

십진 주요 품새풀이 Sipjin major poomsae application

십진 Sipjin	품새풀이 Poomsae application
1번 No.1	손바닥 몸통 거들어 바깥막기→편 손끝 엎어 찌르기→두 번 지르기 sonbadak momtong geodeureo bakkat-makgi→sonkkeut eopeo jjireugi→dubeon(twice) jireugi
2번 No.2	바위밀기 bawi-milgi
3번 No.3	끌어올리기→앞차기→쳇다리 지르기 kkeureo-olligi→ap-chagi→chetdari-jireugi
4번 No.4	아래 엇걸어 손날막기→손날등 몸통막기 area eotgeoreo(cross) sonnal-makgi→sonnaldeung momtong-makgi

십진 주요 품새풀이 Sipjin major poomsae application

십진 품새	품명	품새풀이
1번	손바닥 몸통 거들어 바깥막기 →손끝 엎어 찌르기→ 두번지르기	상대가 주먹지르기로 공격해 들어오는 것을 돌려서 빼며 손끝 찌르기한다. 두 번 지르기로 마무리한다.
2번	바위밀기	주먹공격을 손날 얼굴막기로 막아내는 동시에 바탕손 턱치기로 얼굴을 공격하여 마무리한다.
3번	끌어올리기→앞차기→ 쳇다리지르기	앞차기 공격을 끌어올리기로 막이니고 앞차기로 반격한다. 쳇다리 지르기로 마무리한다.
4번	아래 엇걸어 손날막기→ 손날등 몸통막기	상대의 앞차기 공격을 아래 엇걸어 손날막기로 막아낸다. 두 번 지르기를 손날등 몸통막기로 막아낸다. 쳇다리 지르기로 마무리한다.

Sipjin poomsae	Name of a form	Poomsae application
No.1	sonbadak momtong geodeureo bakkat-makgi→sonkkeut eopeo jjireugi→dubeon(twice) jireugi	The opponent attacks you with a jumeok-jireugi. Block it with a sonbadak geodeureo momtong-makgi. When your wrist is hold by the opponent, turn your wrist and pull the wrist out of your opponent's hand as you poke opponent's palm. Deliver a dubeon jireugi.
No.2	bawi-milgi	Block the opponent's jumeok attack with a sonnal-eolgul-makgi, and at the same time attack the opponent's face with a batangson-teok-chigi.
No.3	kkeureo-olligi→ap-chagi→chetdari-jireugi	Block the opponent's ap-chagi attack with a kkeureo-olligi and attack the opponent with an ap-chagi. Ends it with a chetdari-jireugi.
No.4	area eotgeoreo(cross) sonnalmakgi→sonnaldeung momtong-makgi	Block the opponent's ap-chagi with a area eotgeoreo sonnalmakgi. Block the opponent's dubeon jireugi with a sonnaldeung momtong-makgi. Ends it with a chetdari-jireugi.

십진 품새풀이 1번: 손바닥 몸통 거들어 바깥막기→편 손끝 엎어 찌르기→두 번 지르기 1단계
Sipjin poomsae application No.1 step 1: sonbadak momtong geodeureo bakkat-makgi→sonkkeut eopeo jjireugi→dubeon(twice) jireugi

"준비" 기합
상대가 주먹 지르기로 공격해 들어오는 것을 손바닥 거들어 몸통막기로 막아낸다. 다시 손목을 잡혔을 때 손목을 돌리면서 손끝으로 상대의 손바닥을 찌르듯 잡힌 손목을 빼낸다. 두 번 지르기로 마무리한다.

"Junbi" Kihap

The opponent attacks you with a jumeok-jireugi. Block it with a sonbadak geodeureo momtong-makgi. When your wrist is hold by the opponent, turn your wrist and pull the wrist out of the opponent's hand as you poke opponent's palm. Deliver a dubeon jireugi.

십진 품새풀이 1번 숙련과정: 손바닥 몸통 거들어 바깥막기→편 손끝 엎어 찌르기→두 번 지르기 2단계
Sipjin poomsae application No.1 step 2: sonbadak momtong-geodeureo bakkat-makgi→sonkkeut eopeo jjireugi→dubeon(twice) jireugi

"준비" 기합

상대가 주먹 지르기로 공격해 들어오는 것을 손바닥 거들어 몸통막기로 막아낸다. 그러나 손목이 잡혔을 때 손목을 돌리면서 손끝으로 상대의 손바닥을 찌르듯 잡힌 손목을 빼내고 두 번 지르기로 마무리한다.

"Junbi" Kihap

The opponent attacks you with a jumeok-jireugi. Block it with a sonbadak- geodeureo-momtong-makgi. When your wrist is hold by the opponent, turn your wrist and pull the wrist out of the opponent's hand as you poke opponent's palm. Deliver a dubeon-jireugi.

십진 품새풀이 2번: 바위밀기 1단계(숙련과정과 동일)
Sipjin poomsae application No.2 step 1: bawi-milgi(step 2 in the same)

"준비" 기합

상대가 주먹 지르기로 공격해 들어오는 것을 얼굴을 막으며 상대의 턱을 동시에 가격하여 마무리한다.

"Junbi" Kihap

When the opponent attacks you with a jumeok-jireugi, block it with a eolgul-makgi, and at the same time, strike the opponent's chin.

팁 TIP

tip) 바위밀기의 경우 미는 역할 뿐 아니라 바탕손으로 지르기를 해서 치명상을 입힐 수도 있는 고급기술이다. A bawi-milgi is an advanced technique that pushes and can also do a jireugi with a batangson.

십진 품새풀이 3번: 끌어올리기→앞차기→쳇다리지르기 1단계(숙련과정과 동일)
Sipjin poomsae application No.3 Step 1: kkeureo-olligi→ap-chagi→chetdari-jireugi(no step 2)

"준비" 기합

앞차기 공격을 뒤로 빠지며 끌어올리기로 막아내고 앞차기 낭심을 공격으로 마무리한다.

"Junbi" Kihap

When the opponent attacks you with an ap-chagi, step back and block the attack with a kkeureo-olligi. Strike the opponent's genital with an ap-chagi.

tip) 쳇다리 지르기는 양손을 전부 공격하는 것일 수도 있지만 한 손은 막고 한 손은 지르기를 하는 동작으로도 사용된다. 우리 태권도 경기 겨루기에서도 이 동작은 자주 사용되는데 공격해 들어오는 발차기의 힘을 이용하여 살짝 막고 지르기를 명치에 정확하게 타격한다면 굉장한 충격량을 상대에게 전달할 수 있다. When doing a chetdari-jireugi, you may use both hands, or you may use one hand for defense and the other hand for a jireugi. This movement is often used in Taekwondo Gyeorugi games. By using the force of incoming kick of the opponent, the defender may attack the opponent's solar plexus with a jireugi and deliver a huge impact on the opponent.

십진 품새풀이 4번: 아래 엇걸어 손날막기→손날등 몸통막기(숙련과정과 동일)
Sipjin poomsae application No.4 Step 1: area eotgeoreo(cross) sonnalmakgi→sonnaldeung momtong-makgi(step 2 in the same)

"준비" 기합

상대가 앞차기로 아래를 공격해 올 때 아래 엇걸어 손날막기로 막는다. 재차 상대가 지르기로 공격하는 것을 바탕손 눌러막고 손날등 치기로 공격한 후 팔굽 돌려치기로 마무리한다.

"Junbi" Kihap

When the opponent attacks your lower body with an ap-chagi, block the attack with an area eotgeoreo-sonnal-makgi. When the opponent come back in with a jireugi, block it with a batangson-nulleo-makgi, and attack with a sonnaldeung-chigi and palgup-dollyeo-chigi.

tip) 거드는 손은 반드시 의미가 있다. 앞손으로 막아내든 뒷손으로 막아내든 그것이 중요한 것이 아니다. 막아내는 용도가 어떠한 기술 동작이냐에 따라 공격의 형태가 달라진다. The supporting hand always has its use no matter if it is a front or a rear hand. Depends on how one defends, the ways of attack change.

팁 TIP

"준비" 기합

상대가 무기(칼 등)로 찌르기할 때 엇걸어 막기로 막는다.

막은 손목을 돌리며 손날등 치기로 상대의 목을 공격하여 마무리한다.

"Junbi" Kihap

When the opponent tries to stab you with a weapon, block it with an eotgeoreo-makgi.

Turn the blocking wrist and strike the opponent's neck with a sonnaldeung-chigi.

생각해보기 Let's think 지도, 교수법 예시안 an example of teaching methods

단계 Step	학습 요소 Learning elements	교수·지도 활동 Instruction	시간 Duration	주의사항 Caution
1단계 Step 1				
2단계 Step 2				
3단계 Step 3				
4단계 Step 4				

| 생각해보기 Let's think | 심사평가표, 또는 동료 평가표 an evaluation form or a peer evaluation form |

평가 항목 Evaluation entry	상(3점) Good(3)	중(2점) Fair(2)	하(1점) poor(1)	계 number	느낀 점(예시) notes(ex:)
품새풀이의 이해도 Understanding of the poomsae application					
정확성 Accuracy					
힘의 강, 유 Power control					
속도의 완, 급 Speed control					
중심이동 Shifting balance					
시선 Gaze					
합 계 total					

승급심사 때 이 평가표를 활용하고 동료 평가표로 활용할 때는 꼭 느낀 점을 써서 서로 공유한다.
Use this evaluation form in Taekwondo advancement tests, and when evaluating peers, write down feedbacks and share with them.

KTA 태권도 품새풀이
(KTA Taekwondo Poomsae Application)

참/고/문/헌

국기원(2005). 국기원 교본: 오성출판사

국기원(2014). 국기원 태권도 사범 교육과정 품새 과목 강사용 표준강의지도서

국기원(2011). 태권도 기술용어집

국기원(2012). 태권도1, 2급 지도자 연수교재: 국기원

국기원(2014). 태권도교본: 겨루기 편 콘텐츠 개발 보고서: 국기원

국기원(2013). 국기원 교본 무예겨루기 편 보고서

국기원(2013). 태권도 옛 품새의 원형 복원 연구: 국기원

국기원(2009). 태권도기술개발 결과보고서

국기원(2014). WTA해외파견지도자품새지도법 교재

강익필(2007). 태권도 공인품새 해설: 상아기획

김광석(2009). 拳法要訣(권법요결): 동문선

대한태권도협회(2015). 대한태권도협회50년사: 애니빅

문화관광부(2012). 전통무예지도자 연수교재: 문화관광부

서성원(2013). 태권도 뎐: 애니빅

엄재영, 외2인(2013). KTA태권도실전손기술: 애니빅

엄재영(2016). 태권도 태극 품새와 가라테 카타 평안의 기술체계 비교분석

이경명(2009). 태권도 가치의 재발견

이교윤(1971). 알기 쉬운 태권도교본

이원국(1965). 태권도교범 1965: 청해관

한병철(2005). 중국 무림 기행

최영의(2004). 실전 공수도교범(번역본)

진정뢰, (陳正雷 2006). 태극권 추수 이론과 실기: 편저 방기환 동선문.

나까야마 마시도시(1995). 베스트 공수도 전서

盧初雄(2006). 極眞空手道基本 日日修鍊(극진공수도 기본 일일단련): 류운예당(변역본)

최홍희(1972). 태권도교서: 정연사

황 기(1958). 당수도 교본(唐手道敎本)

한병철(2010). 시크릿 트레이닝